Hans-Peter Hasenfratz

Leben mit den Toten

HERDER / SPEKTRUM

Band 4642

Das Buch

Durch Veröffentlichungen über Sterbebegleitung und sog. Erlebnisse in Todesnähe sind Sterben und Tod – lange von der „Leistungsgesellschaft" tabuisiert – heute wieder ins Gespräch gekommen. Der Wunsch nach selbstbestimmtem und humanem Sterben hat Selbsthilfeorganisationen ins Leben gerufen. Einer „postmodernen" Gesellschaft sind die Themen „Tod und Sterben" durchaus wieder ins Bewußtsein gerückt, in gewissem Sinne geradezu „in". Aber das ist nicht alles. Wie steht es mit den *Toten* selbst? Verstorbene sind keineswegs nur „Sachen". Die Interaktion mit ihnen geht, zumindest in der Emotion und in der Erinnerung weiter. Sie haben Schuldgefühle, Triebansprüche, Unausgelebtes und Unbewältigtes zurückgelassen oder mit „hinübergenommen" und etwas hinterlassen, was es „aufzuarbeiten" gilt. Es bleibt also eine wichtige Aufgabe: den sinnvollen, sinnstiftenden kommunikativen Umgang mit unseren Toten. Die vormodernen Gesellschaften kannten dafür bestimmte Regeln, weil für sie Tote immer Personen gewesen und geblieben sind, mit denen es weiterwirkende Beziehungen gab (auch wenn sie im Tod zu „Un-Personen" wurden, die noch einmal von der Gemeinschaft getötet oder wieder in die Gemeinschaft aufgenommen werden mußten). Die Regeln dieses Umgangs haben wir verdrängt und vergessen. Traditionelle Gesellschaften und unsere eigene Kulturgeschichte haben uns aber eine Fülle von Möglichkeiten solchen Umgangs überliefert und präsent gehalten. Sie werden hier vorgeführt – und unversehens eröffnet sich ein für heute spannender Einblick in menschliche Kulturkonstanten. Auch vergangene Formen rühren etwas in uns an. Sie können uns sogar als Suchbilder dienen für unserem Kulturkreis angemessene Formen des „Zusammen-Lebens" mit unseren Toten – zu unserer und ihrer Lebens- und Todesbewältigung. Hasenfratz zeigt: Wo die Lebenden die Toten aus ihrem Leben verdrängen, sterben dem Leben gerade jene Wurzeln ab, die ihm Reife und Fülle zuführen. Diese These belegt sein Buch mit reichem kulturgeschichtlichem und religionswissenschaftlichem Anschauungsmaterial.

Der Autor

Hans-Peter Hasenfratz, Dr., Universitätsprofessor, lehrt Religionswissenschaft an der Universität Bochum. Bei Herder/Spektrum: Die religiöse Welt der Germanen. Ritual, Magie, Kult, Mythus. Band 4145. Zahlreiche Veröffentlichungen zum Thema.

Hans-Peter Hasenfratz

Leben mit den Toten

Eine Kultur- und Religionsgeschichte der anderen Art

Herder
Freiburg · Basel · Wien

Zum Umschlagbild:
Das Bild bringt ein Detail der Wandmalerei in einem etruskischen Grab beim heutigen Tarquinia (Tomba del Barone, 6. Jh. v. Chr.; vgl. auch unten (vgl. auch S. 115). Die Szene auf der Grabwand zeigt einen Mann mit einer Opferschale in der Hand des linken ausgereckten Arms; den rechten hat er um die Schultern eines Jünglings gelegt, der eine Doppelflöte bläst. Opfergebärde und Flötenspiel gelten einer vornehmen Frau, die ihre Arme gegen Mann und Knaben zum Gruß erhoben hat. Gekleidet ist sie in eine Tunika und einen mantelartigen Überwurf; auf dem Kopf trägt sie den Tutulus (den kegelförmigen Kopfputz etruskischer Damen), an den Füßen Schnabelschuhe. Ein seltsames heckenartiges Gewächs teilt die Szene und trennt die einander zugekehrten Figuren. Offensichtlich gehören sie verschiedenen „Welten" an: die beiden Opfernden dem Diesseits, die Grüßende dem Jenseits. Handelt sich's um die tote Mutter, der Vater und Sohn ein Trankopfer darbringen? Wir dürfen es vermuten.

Gedruckt auf umweltfreundlichem,
chlorfrei gebleichtem Papier

Originalveröffentlichung

Umschlaggestaltung: Joseph Pölzelbauer
Umschlagbild: Etruskische Wandmalerei aus dem 6. Jh. v. Chr.
(vgl. oben den Kommentar des Autors zum Bild)

Satz: Fotosetzerei G. Scheydecker, Freiburg im Breisgau
Druck und Bindung: Freiburger Graphische Betriebe 1998
ISBN 3-451-04642-3

Inhalt

„Es gehört zum großen Unglück der Welt, daß sie verlernt hat, mit den Toten zu leben und zu hören auf die stillen Einflüsterungen der Liebe aus dem anderen Reich."

Reinhold Schneider

I. Umgang mit den Toten?

Leben mit den Toten heißt *Umgang* mit den Toten. „Wie soll das zugehen?" wird sich der Leser (die Leserin) vielleicht fragen. Nach wissenschaftlichem Verständnis ist ja ein Leichnam, ein Toter, kein „Mensch", keine „Person" mehr („Persontod"!) mit der Fähigkeit, Rechte und Pflichten zu haben.[1] Wie sollte man sich da ein „Umgehen" mit Toten überhaupt vorstellen, falls man unter „Umgang" lebendige Interaktion zwischen Personen versteht? Andererseits sind Verstorbene eben nicht „nur Sache", sondern zumindest „erinnerte Person"[2]; und die Integrität ihrer sterblichen Überreste ist rechtlich geschützt – wenn auch dieser Schutz durch den „Organbedarf" der Transplantationschirurgie ins Bröckeln gerät. Daß Verstorbene nie „nur Sache" sind, verraten uns die Gefühlslagen, in die uns jeder Todesfall entläßt: Schuldgefühle, Triebansprüche, Liebe, Loyalitätskonflikte, Groll, Haß. Diese aber sind Ausdruck von Beziehungen, wie sie nur zwischen *Personen* bestehen und möglich sind; trauern kann man auch über verlorene *Sachen.*

In traditionellen („naturvolklichen") Gesellschaften, antiken Hochkulturen, Hochreligionen, in der Folklore – und bei den Dichtern sind Tote immer *Person* gewesen und geblieben. Personen mit vitalen Bedürfnissen (Nahrung, Sexualität, Ausstattung), mit der Fähigkeit, Rechte und Pflichten zu haben (Eigentum zu besitzen, Ehepartner zu sein, vor Gericht zu klagen, beklagt zu werden, Strafe zu erleiden), mit religiösen Strebungen (die sie am religiösen Leben der Gemeinschaft teilnehmen und eigene Wege gehen lassen); Personen, die integrierende Glieder der menschlichen Gemeinschaft geblieben sind, die den Lebenden ihre Liebe bewahrt haben (und deren allzu große Anhänglichkeit oft abgeblockt werden muß). Personen aber auch, die durch Ausschluß von der Gemeinschaft mit den Lebenden zu Un-Personen werden, Leben schädigen und die Gemeinschaft bedrohen und die deshalb (eben weil „Un-Person") von der Gemeinschaft (nochmals!) getötet werden müssen oder wieder in die Gemeinschaft aufgenommen („erlöst") werden können.

Wenn es zum „großen Unglück der Welt" gehört, daß sie verlernt habe, *mit den Toten zu leben* und auf die stillen Einflüsterungen der Liebe aus dem anderen Reich zu hören (Motto!), dann wären die Angehörigen der oben (S. 9/10) beschriebenen Gesellschaften und Traditionen glücklicher dran. Ihnen ist und war der *Umgang* mit ihren Toten im wörtlichen Sinn lebenswichtig. Denn sie glauben und glaubten zu wissen und zu erfahren: Wo die Lebenden die Toten aus ihrem Leben verdrängen, da sterben seine Wurzeln ab, die ihm Reife und Fülle zuführen. Uns übrigen gälte dann die Mahnung des Dichters (Conrad Ferdinand Meyer):

„Wir Toten, wir Toten sind größere Heere
Als ihr auf der Erde, als ihr auf dem Meere!
Wir pflügten das Feld mit geduldigen Taten,
Ihr schwinget die Sicheln und schneidet die Saaten,
Und was wir vollendet und was wir begonnen,
Das füllt noch dort oben die rauschenden Bronnen,
Und all unser Lieben und Hassen und Hadern,
Das klopft noch dort oben in sterblichen Adern,
Und was wir an gültigen Sätzen gefunden,
Dran bleibt aller irdische Wandel gebunden,

Und unsere Töne, Gebilde, Gedichte
Erkämpfen den Lorbeer im strahlenden Lichte,
Wir suchen noch immer die menschlichen Ziele –
Drum ehret und opfert! Denn unser sind viele!"

Die Geschichte der Religion und Kultur – auch unserer eigenen – hat uns eine reiche Palette von (religiös regulierten und kulturell kontrollierten) Möglichkeiten und Mustern überliefert und präsent gehalten, wie Tote und Lebende mitcinander leben. Sie sollen hier beschrieben werden – bevor sie vergessen gehen. Die Beschreibung kann nur gelingen, wenn die Personhaftigkeit der toten Interaktionspartner adäquat erfaßt ist. Um von ihnen ein plastisches „Persönlichkeitsbild" zu gewinnen, gilt es zunächst, *Persönlichkeitsprofile* zu erstellen, wobei Formen des *Umgangs* schon hier zur Sprache kommen, weil vom Person-Sein gar nicht zu trennen.

II. Persönlichkeitsprofile

A. Macht und Ohnmacht

Der Tod bedeutet zunächst einmal eine *Machtsteigerung.* Der Tote[1] hat teil an einer Dimension des Seins, das den Lebenden normalerweise nicht zugänglich ist. Er verfügt über paranormale Fähigkeiten: ins Ungeheuerliche gesteigerte Kräfte, geisterhaftes Erscheinen und Verschwinden, Wandel in andere Gestalten, Wissen von räumlich und zeitlich entfernten Dingen. Nicht verwunderlich also, daß sich jemand das Leben nimmt oder stirbt – bloß, um als Toter seine Ziele besser zu erreichen. Ein isländisches Volksmärchen erzählt, wie ein junger Strolch meint, von einer Bauerstochter beleidigt worden zu sein, und sich die Kehle durchschneidet, um das Mädchen als Gespenst in den Wahnsinn treiben zu können. Und ein anderes weiß von einem Bauern, der um eine Pfarrerstochter freite, die ihm von ihrem Vater verweigert wurde; der sich darob so sehr grämte, daß er starb, und der nun als Gespenst, gegen das der Pfarrer nichts mehr vermag, die Tochter schwängert und die Zukunft des noch ungeborenen Knaben voraussagt.[2]

Bedeutet Tod Gewinn übernatürlicher Macht, so bedeutet er gleichzeitig *Verlust an Vitalität.* Eine mittelindische Schrift zum Thema „Gespenster" *(Petavatthu)* beschreibt das elende Dasein der Toten, die der Vitalitätszufuhr durch die Lebenden ermangeln: „Hinter den Wänden stehen sie, an Grenzen und Kreuzwegen; an den Türpfosten stehen sie; zu ihrem Haus kehren sie zurück. Wer ein mitleidiges Herz hat, gibt ihnen Speise und Trank; dem wünschen die Gespenster langes Leben." Denn: „Bei ihnen gibt es ja keinen Ackerbau, und Herden werden dort nicht gehütet; Handel gibt es nicht, Kaufgewerbe um Geld. Von dem, was ihnen von dieser Welt aus gegeben wird, leben die Verstorbenen, die Hingegangenen drüben. Wie das Regenwasser, das auf der Höhe niedergefallen ist, in die Tiefe rinnt, so kommt, was hier gegeben wird, den Verstorbenen zugute."[3] Und wieder ist es ein Dichter (Friedrich Hebbel), der Wort und Bild findet für die Ohnmacht der Toten ohne Zuwendung der Lebenden:

„Seele, vergiß nicht die Toten!
Sieh, sie umschweben dich,
Schauernd, verlassen,
Und in den heiligen Gluten,
Die den Armen die Liebe schürt,
Atmen sie auf und erwarmen ...
Seele, vergiß nicht die Toten!
Sieh, sie umschweben dich,
Schauernd, verlassen,
Und wenn du dich erkaltend
Ihnen verschließest, erstarren sie
Bis hinein in das Tiefste.
Dann ergreift sie der Sturm der Nacht ...,
Und er jagt sie mit Ungestüm
Durch die unendliche Wüste hin,
Wo nicht Leben mehr ist, nur Kampf
Losgelassner Kräfte
Um erneuertes Sein!"

Das ist der Toten Ohnmacht, daß sie auf Liebe und Zuwendung der Lebenden angewiesen sind, daß sich ihr

Dasein ohne sie im Nichts verliert. Wo aber die Lebenden den Toten Anteil an ihrem Leben und ihrer Vitalität geben, da erhalten sie auch Anteil an der Macht der Toten, ihrem jenseitigen Wissen, ihren jenseitigen Kräften. Denn erst wo ins Tun und Denken der Lebenden das Tun und Denken der Toten mit eingewoben ist, erreicht das Leben der Lebenden auch seine Gänze und Fülle. So hängt am *personalen* Sein der *Toten* und ihrer *Interaktion* mit den Lebenden das Sein der *Lebenden.*

B. Anspruch und Bedürfnis

Auf der Ohnmacht der Toten gründet ihr Bedürfnis nach Leben (Nahrung, Sex, Kleidung und Ambiente), auf ihrer Macht der Anspruch darauf gegenüber den Lebenden. Seine Erfüllung aber ist Grundlage personalen Seins der Toten (und hat es zur Grundlage).

a. Nahrung

Der Tote empfindet Hunger und Durst und wird als fähig angesehen (wie auch immer!), Speise und Trank zu sich zu nehmen. Gern werden die Toten beim fröhlichen Mahl bildlich dargestellt (sog. „Totenmahldarstellungen"). Besonders schöne und lebendige Totenmahldarstellungen bieten etruskische Grabmalereien: der Tote und seine Gattin liegen auf Klinen (Art Chaiselongue), bekränzt und geschmückt; Diener bringen Speisen und Trank, Musikanten und Tänzerinnen sind in Aktion (so in der Tomba del Triclinio und in der Tomba dei Leopardi in Tarquinia).[4] Solche Darstellungen bilden nicht bloß ein postmortales Jenseits ab, wo die Toten essen und trinken; sondern sie wollen auch magisch bewirken, was sie darstellen: daß den Toten Speise und Trank dort „drüben" nie mangeln soll. Oft sind die Gräber mit Vorrichtungen ausgestattet, die eine wirkliche (nicht magische) Verpflegung der Toten im Grab möglich machen. Grabamphoren mit hohlem Fuß leiten die Spenden ins Erdreich den Toten zu (im alten Griechenland); zum gleichen Behuf dient ein Loch in der Abschlußplatte von Magalithgräbern (sog. „Seelenloch"!). Im alten Ugarit (Syrien) versorgten Brunnen- und Irrigationsanlagen die Gräber und ihre Bewohner mit kühlem Naß.[5] In den Gräbern der vornehmen Ägypter des Alten Reiches (Pyramidenzeit) nimmt der Verstorbene die ihm zugedachten Viktualien nicht direkt entgegen; sein Leichnam ruht in der für Besucher unzugänglichen (vermauerten) *Grabkammer.* Aber er wird durch seine Statue (die sog. „Ka-Statue") vertreten, die aus dem *Statuenraum* durch Sehschlitze den für Grabbesucher betretbaren *Kultraum* übersehen kann, wo auf einem Opfertisch die Gaben ausliegen, deren Anblick und Duft die Ka-Statue als Repräsentant und Doppelgänger des Toten für den Toten entgegennimmt. Die Wand mit den Sehschlitzen zwischen Kult- und Statuenraum ist mit Totenmahldarstellungen und Speiselisten bebildert und beschrieben, so daß bei eventuellem Ausfall der Nahrungszufuhr (kriegerische Ereignisse u.a.) die Versorgung des Toten bild- und schriftmagisch abgesichert und gewährleistet bleibt.[6] Der altägyptischen Totenfürsorge verdanken wir eine Einrichtung, ohne die das Leben der Lebenden heute (fast) undenkbar wäre: die *juristische Person* (Körperschaft). Die Fürsorge für die Toten sollte ja „ewig" (solange die Gestalt dieser Welt währt) fortdauern; wenn nicht, starben sie eines zweiten, endgültigen Todes (und konnten den Hinterbliebenen auch nicht mehr nützen). Kriegsläufte, Aussterben der versorgungspflichtigen Erben oder Untergang einer Königsdynastie, die für die Totenfürsorge ihrer Beamten zuständig war, konnten die Versorgung zusammenbrechen lassen; und wenn auch die Grabwände mit den Bildern und Zeichen verfielen, fiel auch die magische Absicherung dahin. Solche Imponderabilien suchte man auszuschließen, indem man einem Tempel ein Grundstück (samt zugehörigem Personal) überschrieb, mit der Auflage, aus seinen Erträgnissen die Totenpflege für den Stifter (und seine Nachkommen) zu bestreiten, wobei die Ertragsüberschüsse zum Unterhalt der Totenpriester an den Tempel fielen. Da dieselbe Verpflegungsportion (sukzessive) für mehrere Opfertische verwendet wurde (sog. „Opferumgang"), war reichlicher Überschuß verbürgt. Eine solche Totenstiftung stellte, unabhängig von Hinterbliebenen, die „immerwährende" Totenversorgung sicher – jedenfalls solange der damit bedachte Tempel stand. Der altägyptische Terminus dafür ist *djet* () mit dem bezeichnenden Bedeutungsspektrum: Körper, Körperschaft, Grundstück, „Ewigkeit". Die juristische Person in der Rechtsform der Stiftung (mit Stiftungsvermögen, Stiftungszweck und Stiftungsorganen) war geboren.

Wer ohne Nachkommen und Erben stirbt oder nicht durch eine Totenstiftung vorgesorgt hat, verfällt, weil ohne Verpflegung, damit ohne Vitalnachschub, dem zweiten, endgültigen Tod (so, wie gesagt, im alten Ägypten). Oder er muß sich – wenn nicht ein mitleidiger Mensch sich seiner erbarmt und die Totenverpflegung übernimmt – als Hungergespenst *(preta)* bis zum Ende dieser Weltperiode von Abfällen, Kot, Urin, Schleim, Menstrualblut ernähren (so im alten Indien).[7] Daß in beiden Fällen die Betroffenen auf die Lebenden nicht gut zu sprechen sind und ihnen schaden, wo sie nur können, versteht sich. Der unversorgte Tote kann dem Schicksal eines zweiten Todes unter Umständen dadurch entgehen, daß er als Krankheitsdämon Kinder befällt und von ihrer Vitalität zehrt: Kinder besitzen, weil jung, besonders viel Lebenskraft und, weil klein, besonders wenig Abwehrkräfte. Ein Schutzzauber gegen solche Tote ist uns aus dem alten Ägypten im Papyrus Berlin 3027 erhalten (Zeit: vor Beginn des Neuen Reiches):

„Fliesse heraus, der du im Dunkeln kamst und als Schleicher eintratst, Hinternäsiger und Hintergesichtiger, dem nicht gelingt, wozu er gekommen ist! Fliesse heraus, die du im Dunkeln kamst und als Schleicherin eintratst, Hinternäsige und Hintergesichtige, der nicht gelingt, wozu sie gekommen ist!

Bist du gekommen, dieses Kind zu küssen? Ich werde nicht gestatten, daß du es küssest. Bist du gekommen, (es) ruhig zu machen (es zu töten)? Ich werde nicht gestatten, daß du ihm Beruhigung (Tod) gibst. Bist du gekommen, es zu schädigen? Ich werde nicht gestatten, daß du es schädigst. Bist du gekommen, es wegzunehmen? Ich werde nicht gestatten, daß du es von mir wegnimmst. Ich habe ihm ein Amulett gemacht gegen dich."[8]

Das Amulett enthält u. a., so fährt der Spruch fort: Knoblauch und Honig, der für Menschen süß, für Bewohner der Unterwelt aber scheußlich schmecke. Die Totenwelt gilt bei vielen Kulturen als „verkehrte Welt": die Toten tragen das Gesicht, damit auch die Nase, nach hinten; was „hier" süß ist (Honig), ist „dort" bitter usw. Und Knoblauch ist altbewährtes Antidämonikum, das durch seinen Gestank Geister aller Art fernhält.

Vielfältig sind Formen, Rahmen und Anlaß der Totenverpflegung. Entweder werden die Toten von den lebenden Angehörigen gespeist, sei's an den Stätten der Toten, sei's in den Häusern der Lebenden (Totenspeisung). Oder Lebende und Tote essen zusammen (Totenkommunion), sei's am Grab oder zu Hause, wobei der Tote als *Gast* oder *Gastgeber* auftreten kann. Auch kann die Verpflegung gewissermaßen *„individuell"* ablaufen oder im Rahmen von *allgemeinen Totenfesten* zu festgelegten Terminen meist im dunklen Winterhalbjahr (Allerseelen, Weihnachten, Fasnacht): da besuchen die Toten die Lebenden in ihren Häusern, die Lebenden die Toten an ihren Gräbern (sog. „Totenbesuchsfeste").

Das älteste uns wörtlich überlieferte Ritual einer *Totenspeisung* am Grab des Verstorbenen stammt aus der Jungsteinzeit. Es ist in den Pyramidentexten (Texten an den Wänden der Grabgänge und Sargkammern von Pyramiden) aufbewahrt geblieben:

> „O, Vater,
> (schüttle den Sand aus deinem Gesicht und)
> erhebe dich von deiner linken Seite,
> lege dich auf deine rechte Seite
> zu diesem frischen Wasser, das ich dir gebracht habe!
> O, Vater,
> erhebe dich von deiner linken Seite,
> lege dich auf deine rechte Seite
> zu diesem warmen Brot, das ich dir gebracht habe!"[9]

Dieser Spruch setzt totenkultische Verhältnisse voraus, wie sie für die prähistorische Zeit in Oberägypten (archäologisch) zu belegen sind: der Tote liegt unter einem Sandhügel, in Nord-Südrichtung orientiert, mit dem Kopf im Süden, den Füßen nach Norden, auf der linken Seite, das fruchtbare Niltal im Rücken, das Gesicht nach Westen (Wüste, Totenland) gewandt. Der Sohn, dem die Verpflegung obliegt, nähert sich vom Nil (Siedlung) her mit Wasser und Brot und „weckt" den toten Vater rituell: heißt ihn sich aufrichten, umdrehen und die Gaben in

Empfang nehmen. Der Spruch und die von ihm widerspiegelte „Vater-Sohn-Idylle" mag über tausend Jahre älter sein als ihr hieroglyphischer Niederschlag in den Pharaonenpyramiden mit ihrer aufwendigen Infrastruktur priesterlicher Totenversorgung. Warum wurde er dann (noch) im Pyramidengrab angebracht? Einmal sind die *Formen* des Umgangs mit Toten äußerst *konservativ*; sie bestehen fort, wenn sich ideologische *Inhalte* (Vorstellungen über Tod und Jenseits) und religiös-kulturelle Rahmenbedingungen längst gewandelt haben. Zum andern soll der alte Spruch die priesterliche Verpflegung des toten Pharao magisch unterstützen und bei deren eventuellem Wegfall magisch ersetzen. Denn ein Spruch bewirkt das magisch, was er ausdrückt; und Schrift bannt die Flüchtigkeit des Spruchs zu „ewiger" Dauer. Dazu gilt in der Magie (und überhaupt in archaischen Kulturen und traditionellen Gesellschaften) der Grundsatz: je älter, desto wirksamer (weil bewährter). So erhöht gerade das hohe Alter des Spruchs seine magische Macht und empfiehlt ihn als Totentext für den Pharao.

Eine andere Möglichkeit der Totenspeisung ist die Verköstigung der Toten im Hause der Lebenden. Joh. Wolfgang Böcler, Pastor und Konsistorialassessor zu Kusall und Reval, berichtet in seiner Schrift „Der einfältigen Ehsten abergläubische Gebräuche …" (die 1685 konfisziert und vernichtet wurde, weil sie zu viele „obscoena" enthalte):

„Derer Verstorbenen Seelen halten sie jährlich am Tage aller Seelen ein Gastmahl, da sie dann allerley Speisen zurichten, dieselben in einer dazu bereiteten und angehitzten Badt- oder andern Stuben auf die Diehle niedersetzen, worauf denn der Hausswirth selbst auf den späten Abend hineingehet, das Feuer hält, und die Verstorbenen, als nemlich seine Eltern, Verwandten, Kinder und Angehörigen mit Nahmen ruffet und bittet, dass sie kommen und essen möchten, wann er nun meinet das sie wohl gegessen, hauet er den Pergel (Werkzeug zum Stochern), damit er das Feuer gewiesen, auf der Tührschwell entzwey, und gebeut den Seelen dass sie wieder ihres Weges gehen sollen, sie hätten nun gnug gegessen und getruncken ... Wie sie es dann unter sich, wann ein Misswachs einfällt, ins gemein denen Seelen beymessen, und sagen, weilen selbige entweder gar nicht oder doch nicht wol gespeiset weren, hätten sie sich darüber erzürnet, und das Roggengrass zutreten, dass es nicht wachsen können."[10]

Die Totenspeisung geschieht hier im Rahmen eines allgemeinen *Totenbesuchsfestes* (Allerseelen: 2. Nov.). Der Ertrag der Roggenfelder wurde dabei an die gute Bewirtung der jenseitigen Besucher geknüpft. Wer den Toten teilgibt an der Vitalsphäre der Lebenden (Speise, Trank), erhält teil an ihrer Machtsphäre (an den Wachstumskräften der Erde, der sie ja angehören). Wichtig ist die rituell geregelte Verabschiedung der toten Gäste am Ende ihrer jährlichen Visite. Wenn in Mexiko die Verstorbenen zum Totenfest (los días de muertos am 1., 2. Nov.) ihre Familie besucht und sich an der „ofrenda" (am Tisch mit den für sie ausgelegten Gaben) sattgesehen und sattgerochen und (nach feierlicher Verabschiedung an den Gräbern) nicht mit dem Glockenschlag um Mitternacht wieder die Grenzen zum Jenseits überschritten haben – dann müssen sie bis zum nächsten Totenfest auf der Erde herumgeistern.[11]

Im Unterschied zur Totenspeisung, bei der die Toten von den Lebenden „abgefüttert" werden, handelt es sich bei der *Totenkommunion* um eine echte Mahlgemeinschaft zwischen Toten und Lebenden. Bei den Inkas wohnten die Malquis, die Mumien der königlichen Ahnen, den „mythisch-politischen Festen" des Reiches an der Seite des regierenden Inka bei: an der Fürstentafel sind ihnen Plätze reserviert, Frauen und Diener warten ihnen auf.[12] Mahlgemeinschaft zwischen Toten und Lebenden herrscht bei der sog. „fröhlichen Totenwache" im Sterbehaus während der Nacht (der Nächte) vor dem Begräbnis: der Tote liegt im Sterbezimmer; Angehörige, Nachbarn, Bekannte, besonders die jungen Leute, haben sich um ihn versammelt; es wird geschmaust, dem Toten zugeprostet, getanzt, gelacht, obszöne Späße kursieren. Die überschäumende Entfaltung von Leben vor dem Toten (Essen, Trinken, Tanzen, Lachen, Erotik) bedeutet für ihn – Vitalitätszufuhr. Daß bei diesem Anlaß der Tote als Gastgeber der Lebenden gedacht wird, zeigt die Sitte, den angekleideten Toten auf einem Stuhl inmitten der lebenden Gäste dem Mahl vorsitzen zu lassen. Dazu Jan Malecki (Joh. Maeletius), seit 1537 Pfarrer zu Lyck in Preußen, erster Rektor der Universität Königsberg, in seiner Abhandlung „Über Opfer und Götzendienst der alten Preussen, Liven und anderer Nachbarvölker": „Bei den Leichenfeiern auf dem Lande wird dieser Brauch bewahrt: die Leichen der Verstorbenen werden in Kleidern und Schuhwerk aufrecht auf einen Sessel plaziert; die Angehörigen setzen sich dazu, saufen und zechen in einem fort."[13] Ähnliches Brauchtum hielt sich bis in unsere Zeit (auch im Westen Deutschlands).[14]

Essen mit Toten ist nicht unproblematisch und nur im streng ritualisierten Rahmen des Totenbrauchs ungefährlich. Wer *außerhalb* dieser *rituellen Sicherung* der Einladung eines Toten folgt, mit ihm unter dasselbe Dach tritt, Speise von ihm entgegennimmt, mit ihm zusammen ißt, riskiert, dem Toten (damit dem Tod) zu verfallen – zu sterben. So entgeht etwa ein Edelmann nach einer Grimmschen Sage nur deshalb dem sichern Tod, weil er sich weigert, sich zu spukenden Toten an die Tafel zu setzen. Und nach einer anderen muß einer gerade deshalb sterben, weil der den ihm von gespenstischen Toten angebotenen Becher nicht ausschlägt.[15]

Was essen und *trinken* die Toten besonders gerne? Die Toten sind „Allesfresser", aber den Speisen und Getränken besonders zugetan, die viel „force vitale" enthalten. Verbreitete Totennahrung ist: Wasser und Brot, Blut, Wein, Eier, Honig, Milch, Nieren und Leber. Wasser und Brot als unentbehrliche Grundnahrung der Lebenden gehören auch zur Grundversorgung der Toten (S. 19). Wasser gilt zudem als Element des Lebens und der Lebenserneuerung. Und geradezu sprichwörtlich ist der „Durst der Toten" nach Wasser und nach Blut.[16] Blut, das ist Leben, Seele (Gen 9, 4); und Wein dient als Ersatzstoff für Blut, seine berauschende Wirkung empfiehlt ihn ohnehin als Kraftgetränk. Eier, Symbole des jungen Lebens und der Geburt, sind ikonographisches „Leitmotiv" etruskischer Totenmahldarstellungen (S. 15): in der Hand eines Mahlteilnehmers weisen sie das dargestellte Bankett zweifelsfrei als Totenmahl aus.[17] Milch und Honig sind Kinder-, Götter- und Paradiesesspeise[18]; als apotropäisches Mittel schadet Honig nur den schädigenden („unseligen") Toten (S. 18). „Leber" und Nieren schließlich, als Sitz seelischer Funktionen geglaubt („Seelenorgane")[19], führen den Toten besonders konzentriert Lebenskraft zu.

Totenspeisung und Totenkommunion sind bei uns auch heute nicht ganz aus dem Brauch gekommen. Es ist noch nicht lange her, daß in einer Weltstadt wie München zu Allerseelen oder Weihnachten Schinken, Speck, Eier und anderes auf die Gräber niedergelegt wurden. Auch sind dem Verfasser mindestens zwei „Fälle" bekannt, wo Witwen ihren verstorbenen Männern zu Hause immer noch den Tisch mitdecken.[20]

b. Sexualität

Dem toten Menschen werden sexuelle Bedürfnisse und die Möglichkeit ihrer Befriedigung, sei es im Jenseits, sei es im Diesseits, zugetraut. Sexuelle Betätigung bedeutet Partizipation am Lebensstrom: Zufuhr und Ausdruck von Vitalität zugleich. Im Friesband eines etruskischen Grabes (Tomba dei Tori in Tarquinia) bietet sich dem Beschauer folgendes Szenar: eine Frau, die auf dem Rücken liegt, und ein Mann, der sich von vorn an ihr befriedigt; ein Mann, der sich von hinten an einem anderen Mann stehend befriedigt; Stiere, einer davon mit menschlichem Gesicht und ausgefahrenem Penis (wohl Erscheinungsformen des Dionysos, Gott der wilden Vegetation und der Ekstase); ein durchlaufendes Band von Granatäpfeln (Liebes- und Fruchtbarkeitssymbole), die die ganze Darstellung untermalen.[21] Wie die Etrusker ihren vornehmen Toten alles, was ihnen im Leben schätzenswert schien, wirklich oder bildlich in ihr postmortales Dasein mitgaben – so eben auch Sex und Eros. Ein Spruch des ägyptischen Totenbuches (Papyrustexte, die den Toten seit dem Neuen Reich mit ins Grab gelegt oder den Mumien eingebunden wurden) verleiht dem Toten die Fähigkeit „des Eintretens und (wieder) Herausgehens im Totenreich, ... Machtvoll zu sein dort, verklärt zu sein dort, zu pflügen dort und zu ernten; zu essen dort und zu trinken dort, *geschlechtlich zu verkehren dort* und alles zu tun, was auf Erden getan wird."[22] Um männlichen Toten die Potenz im Jenseits zu erhalten, band man den Mumien gelegentlich das Glied in Erektionsstellung hoch.[23] Daß tote Männer Kinder zu zeugen imstande sind, erfuhren wir schon aus einem isländischen Volksmärchen (S. 13). Das Für und Wider solcher Möglichkeit wird noch im Europa des 18. Jhs von Sensationslüsternen unter den Gebildeten diskutiert. Umgekehrt traute man toten Frauen zu, empfangen zu können. Luther erzählt in seinen Tischreden von einer jungen Frau, die ihrem Ehemann, Johann von Passau, wegstarb, nachts zu dreien Malen aus dem Grab an seinem Lager erschien, fragte, ob er sie wieder als seine „Hausfrau" bei sich haben wolle, was er bejahte: „Da blieb die verstorbene Frau bei ihm, regierte im Haus, schlief bei ihm, aß und trank mit ihm und zeugete Kinder."[24]

Geschlechtliche Beziehungen *zwischen Toten* im Jenseits ist den Toten wünschenswert, aber, wenn nicht ein Ehepartner bereits vorverstorben war, keineswegs garantiert. Deshalb magische Vorsorge durch Bild und Spruch bei Etruskern und Ägyptern (S. 24). Am sichersten verfährt man, wenn man dem Toten im Grab eine „Beischläferin" zugesellt. Im alten Ägypten finden sich schon in vorgeschichtlicher Zeit und dann wieder nach dem Alten Reich als Grabbeigaben Figurinen von Frauen, oft nackt mit betonten Geschlechtsmerkmalen, oft auf Betten liegend (gelegentlich mit Kind). Bei vielen dieser Figürchen ist der magische Zweck offensichtlich: Sie dienen dem erotischen Verlangen des toten Grabbewohners. Andere dieser Statuetten bilden *lebende* Frauen (Familienangehörige der Bestatteten) ab: Magischer Kontakt des Abbildes mit dem Toten soll dem lebenden Original zu Kindersegen verhelfen; denn die Unterirdischen disponieren über die Bilde- und Wachstumskräfte des Erdreichs (S. 21).[25] In vielen Kulturen ist die Beischläferin kein „magisches Substitut", sondern eine Sklavin aus Fleisch und Blut, die dem Verstorbenen ins Grab mitgegeben wird. Wir besitzen einen Augenzeugenbericht aus dem Jahre 923.[26] Der Sekretär einer arabischen Gesandtschaft, Ibn Fadlan, wohnte an der Wolga in der Nähe der heutigen Stadt Kazan den Zeremonien beim Tod eines

Waräger-(Wikinger-)Häuptlings bei und protokollierte das Geschehen: Nach dem Tod des Häuptlings sagte seine Familie zu seinen Sklavinnen: „Wer will mit ihm sterben?" Eine antwortete: „Ich!" Und nun war sie an das Wort gebunden; es stand ihr nicht mehr frei, es zurückzunehmen. Während der Tote provisorisch und mit Proviant versehen in einem Erdgrab untergebracht wurde, teilte man sein Besitztum in drei Teile, einen für seine Familie, einen, wovon sie ihm Kleider schneidern ließen, einen, um Bier zu bereiten, das sie, solange die Trauerfeierlichkeiten währten, unentwegt tranken – einige bis zur Verblödung und gar bis zum Tod. Auch wurde das Schiff, in dem der Tote mit seiner Sklavin verbrannt werden sollte, an Land gezogen und für seine letzte Fahrt hergerichtet. Das Sklavenmädchen ging unterdessen hin und her, trank und betrat die Zelte; „und jeder Zeltbesitzer hat Geschlechtsverkehr mit ihr" mit den Worten: „Sage deinem Herrn: Ich habe dies nur aus Liebe zu dir getan!" Waren alle Vorbereitungen getroffen, die unter der Aufsicht einer alten Frau standen, die sie den „Todesengel" hießen, holte man den Toten aus seinem provisorischen Grab. Man bekleidete ihn mit der prächtigen neuen Garderobe und plazierte ihn in eine zeltartige Grabkammer auf dem Schiffsdeck, zusammen mit seinem (getöteten) Hund und zweien seiner (getöteten) Pferde, legte seine Waffen zu ihm, Bier, Früchte, Brot, Fleisch, Zwiebeln dazu. Es folgte eine Art Abschiedszeremonie, bei der das stark mit Bier narkotisierte Mädchen in Trance einen Blick ins Jenseits tut. Zuerst sieht sie die verstorbenen Eltern, dann all ihre verstorbenen Verwandten, dann ihren toten Herrn im Paradies: „Und das Paradies ist schön und grün … Er ruft mich. Bringt mich zu ihm!" Auf diese ihre Aufforderung führte man sie zum Schiff; der Todesengel muß der offenbar Betrunkenen beim Eintritt in die Grabkammer behilflich sein und geht mit hinein. „Nun betraten sechs Männer das Zelt, und alle hatten Geschlechtsverkehr mit der Sklavin. Dann ließen sie sie an der Seite ihres toten Herrn liegen, zwei Männer faßten sie bei den Füßen, zwei bei den Händen. Die alte Frau, die man den Todesengel nennt, schlang ihr ein Seil um den Hals und gab die gekreuzten Enden den zwei (restlichen) Männern zum Ziehen. Dann näherte sich ihr die alte Frau mit einem breitklingigen Dolch, den sie ihr mehrmals zwischen die Rippen stieß, und die beiden Männer strangulierten sie mit dem Seil, bis sie starb." Dann wurde das Schiff mit den beiden Leichen in Brand gesteckt und über den Aschenresten ein Hügel aufgeschüttet. So weit der Bericht. Daß die Sklavin ihrem Herrn im Jenseits als Beischläferin dienen soll, weist schon die Art ihres Todes aus. Er trifft sie im Moment höchster Vitalitätsentfaltung (Sexualverkehr), die dem Toten somit im Jenseits verfügbar wird, wobei die sechs Männer als Stellvertreter des Toten agieren. Nach germanischer (und auch sonst verbreiteter) Auffassung ist das jenseitige Los von Sklaven erbärmlich; es sei denn, sie folgen ihren Herren im Tod nach, dann teilen sie mit ihnen das jenseitige Paradies.[27] Aus dieser Perspektive hat das Sklavenmädchen eine gute Wahl getroffen.

Wie schon bekannt (S. 24), verschmähen die Toten auch *lebende Sexualpartner* nicht. Die Anhänglichkeit treibt sie vor allem zu ihren hinterbliebenen Ehefrauen oder Geliebten (durch Hygieneverzicht können diese sich in gewissen traditionellen Gesellschaften dem Toten „verekeln"). Aber der Drang nach Leben läßt Tote auch „fremde" Frauen sexuell belästigen und mißbrauchen. Neugriechische Volksüberlieferung weiß von *vrykólakes* (vampirischen Wiedergängern), die (nachts) ihre Gräber verlassen, ihren Witwen beiwohnen, Kinder mit ihnen zeugen, andern Frauen in der Abwesenheit ihrer Ehemänner Gewalt antun, sich sogar an andern Orten, wo sie unbekannt sind, wiederverheiraten.[28] Besonders solange der Leichnam noch über dem Boden ist, wird dem toten Ehegatten Verkehr mit seiner Frau zugebilligt und zugetraut und von ihr auch erwartet: so noch vor einem halben Jahrhundert in Fehmarn. Während dieser Zeit muß die Frau bei den Golden (Sibirien) mit dem verstorbenen Ehemann noch unter derselben Decke schlafen; bei den Ostjaken (ebenfalls Sibirien) nahm die Witwe eine hölzerne Puppe (nach dem Bild des Verstorbenen verfertigt) mit ins Bett.[29] – Erotisches Verlangen treibt nicht nur die Toten aus ihren Gräbern zu den Lebenden; erotisches Verlangen treibt auch Lebende zu den Gräbern der Toten. Das sog. „Lied von Helgi dem Hundingstöter II" der Liederedda (Abfassungszeit: 12. Jh.) erreicht seine poetische Klimax in der „Verdichtung" eben einer solchen Szene.[30] Helgi ist durch den (meineidigen) Bruder seiner Frau Sigrun (aufgrund einer Blutracheangelegenheit) umgebracht worden. Sigruns Weinen und Klagen um den Toten läßt seiner Seele im Jenseits keine Ruhe und zwingt sie zurück zum Hügelgrab, wo sein Leichnam beigesetzt wurde. Sigruns Magd hatte ihr (als Wunder) gemeldet, der Grabhügel stehe offen; da ging sie zu Helgi in den Hügel hinein. „Dein Haar ist, Helgi, von Reif durchnäßt, ganz mit Blut bespritzt ist der Herrscher, die Hände naßkalt dem Eidam Högnis! Wie soll ich dir, Fürst, davon Heilung schaffen?" – „Du allein, Sigrun von Sewafjöll, machst, daß Helgi mit Blut bespritzt ist: du weinst, Goldgeschmückte, (zorn-)grimmige Tränen, du Sonnenlichte aus dem Südlande, ehe du schlafen gehst; jede fällt blutig dem Fürsten auf die Brust, naßkalt, sich einbrennend, schwer von Kummer.

Froh wollen wir (die Toten im Jenseits) köstliche Trünke trinken, wenn wir auch (des Lebens) Lust und die Lande verloren haben! Niemand soll uns die Totenklage sprechen, wenn er auch auf meiner Brust die Wunden sieht!" – „Hier habe ich dir, Helgi, ein Lager bereitet, ein ganz kummerfreies, du Ylfingensproß! Dir in den Armen, Fürst, will ich einschlafen, wie ich es dem lebenden Herrscher tun würde!" – „Nun sage ich, daß nichts unmöglich ist, weder spät noch früh, auf Sewafjöll, da du dem Leblosen im Arme schläfst, du Weiße, im Hügel, Högnis Tochter, und bist am Leben, du Königskind!" Am nächsten Abend kam Sigrun wieder zum Hügel. Die Magd rät ab: „Sei nicht so rasend, Herrin, allein zu den Häusern der Toten zu gehen! Alle toten Unholde werden nachts mächtiger, Frau, als am hellen Tage." Sigrun lebte nicht mehr lange vor Schmerz und Leid. – Die besungene Liebesnacht zwischen Sigrun und dem toten Helgi im Grabhügel hat für die lebende Frau Todesfolge: Wer mit einem Toten unter einem (gar seinem!) Dach weilt, läuft bekanntlich (S. 22) Gefahr, ihm zu verfallen, ihm „nachzusterben". Im übrigen lehrt das Lied eine weitere Grundregel im Umgang mit Toten: Weinen und Klagen um Tote läßt sie „nicht ruhig liegen", überhaupt nicht ins Jenseits gelangen oder beschwert sie dort und zwingt sie zurück ins Diesseits, zwingt sie gegebenenfalls, trauernde Ruhestörer mit ins Grab zu ziehen, damit sie endlich Ruhe geben.[31]

Bei der engen Verflechtung zwischen Lebenden und Toten in Gesellschaften und Kulturen, von denen hier die Rede ist, werden wir uns nicht über Berichte wundern, die lebenden (männlichen) Personen *sexuellen Umgang* mit (weiblichen) *Leichen* unterstellen. Wahr oder nicht wahr, sind solche Nachrichten Reflex einer „Mentalität", daß der biologische Tod nicht automatisch Ende personalen Rapports bedeutet. Der griechische Geschichtsschreiber Herodot (5. Jh. v. Chr.) erwähnt in seinen „Historien" zwei Fälle von „Nekrophilie" (der Ausdruck hier ohne „psychopathologische", weil ethnozentrische Konnotation gebraucht). Im antiken Ägypten würden die Leichen von sehr schönen oder sehr ehrbaren Frauen oder von Gattinnen berühmter Männer drei bis vier Tage von den Angehörigen zurückbehalten, bevor man sie den Balsamierern übergebe, um so zu verhindern, daß diese mit den frischen Leichen fleischlichen Umgang trieben. Und der Tyrann von Korinth Periander habe seiner toten Gattin Melissa vor ihrer Kremation beigewohnt – „die Brote in den Ofen geschoben, als er schon kalt war".[32] Der babylonische Talmud diskutiert eine Überlieferung, die dem verhaßten Herodes anhängt, seine zu Tode gekommene Frau Mariamne sieben Jahre lang in Honig konserviert zu haben, „um seine Lust (an ihr) zu stillen".[33]

Wer *unverheiratet* oder *ohne Nachkommenschaft* stirbt, stirbt, ehe er des Lebens Fülle erreicht hat. Die höchste Vitalitätsentfaltung erreicht der Mensch in Kampf (wovon hier zum Glück nicht zu handeln ist) und Sexualität (Fortpflanzung).[34] Das „Verpaßte" muß nach- oder vorgeholt oder „ersatzbefriedigt" werden. Wo nicht, holt es sich der Verstorbene auf per-verse, „verschobene" und für die Lebenden verderbliche Weise selbst. Kinderlosigkeit bedeutet nicht nur ein Vitalitätsdefizit, das ins postmortale Dasein überschrieben wird, sondern Ausfall der nachtodlichen Versorgung mit seinen katastrophalen Folgen für den Toten und die Lebenden (S. 17). Im alten Indien konnte durch das Institut des *niyoga* (Verpflichtung) das Defizit *nachträglich* ausgeglichen und die Totenversorgung nachträglich gesichert werden. Das *Gesetzbuch des Manu* bestimmt, daß, wenn jemand kinderlos verstarb, die Angehörigen einen nahen Verwandten des Mannes verpflichten konnten, mit der hinterlassenen Witwe einen Sohn zu zeugen: „Der dazu Beauftragte soll, mit zerlassener Butter (*ghee:* rituelle Reinigungssubstanz und Fruchtbarkeitssymbol) gesalbt, schweigend, die Witwe nachts besuchen und mit ihr einen Sohn, auf keinen Fall einen zweiten erzeugen."[35] Nacht ist die Zeit der Toten und Schweigen ihre gewöhnliche Art.[36] Zeit und Art des Besuchs markieren den Besucher als Toten: Der lebende vertritt und repräsentiert den toten Verwandten. Eine ähnliche Lösung bietet die vom Alten Testament propagierte Leviratsehe (Schwagerehe) der kinderlosen Witwe mit dem Bruder ihres verstorbenen Mannes: Der erste Sohn aus dieser Verbindung gilt als Sohn des Verstorbenen, „damit dessen Name in Israel nicht erlösche" (Dtn 25, 5f). Wird früher Tod vorher gewußt oder vermutet, so läßt sich schon *vortodlich* ein zu erwartendes Vitalitätsdefizit verhindern, indem Sexualität komprimiert *vorgeholt* wird. So ist wohl die sexuelle Lizenz zu interpretieren, die dem Sklavenmädchen zusteht, bevor es seinem Herrn in den Tod nachfolgt (S. 26). So (vielleicht) auch der sog. „Henkersbeischlaf" im alten Rom: da es durch überlieferten Brauch als Verstoß gegen göttliches Recht *(nefas)* galt, Mädchen durch den Strang hinzurichten, die noch jungfräulich waren, habe sie der Scharfrichter vor der Strangulation vergewaltigt – dies das Schicksal der kleinen Tochter Seians, der zusammen mit seinen Kindern exekutiert wurde, weil er als Chef der Leibwache einen Aufstand gegen Tiberius anzettelte.[37] Um auszuschließen, daß jemand stirbt, bevor er sich ausgelebt hat, verbietet das Alte Testament, den frisch verheirateten Mann zum Kriegsdienst aufzubieten: „Er soll ein Jahr lang für sein Haus frei sein, daß er mit seinem Weibe fröhlich sei, das er genommen hat" (Dtn

24, 5). Wen der Tod unvorbereitet und unvermählt ereilt, wem also gar keine Zeit verblieb, prophylaktisch Leben vorzuholen, für den hält die Gemeinschaft *Ersatzbefriedigungsriten* bereit: die sog. „Totenhochzeit". In Indien wird ein verstorbenes Mädchen rituell mit einem gleichzeitig verstorbenen Knaben verheiratet, oder man traut einer Leiche eine menschliche Figur aus Stroh an.[38] Starb in Rumänien ein heiratsfähiges Mädchen, so kleidete man es ein wie eine Braut, wand ihm um die Stirn den Myrtenkranz und steckte ihm den Brautring an den Finger. In Podolien wurde dem toten Mädchen für das Jenseits ein Bursche als Bräutigam bestimmt. Man schlang ihm ein Hochzeitstuch (Art Brautpfand) um die Hand, und so geleitete er die Verstorbene im Leichenzug zu Grabe; die Familie der Toten betrachtete ihn fortan als „Schwiegersohn", die Gemeinschaft als „Witwer". Starb bei den Serben ein Jüngling, so ward ein Mädchen hochzeitlich angezogen, folgte dem Sarge des Toten mit zwei „Brautführern"; den Brautkranz trug es noch einige Zeit nach dem Begräbnis.[39] Bei den Wadschagga (Afrika) schließlich beobachtete man eine Mischung aus Schwagerehe (Levirat) und Totenhochzeit: War ein älterer Bruder unverheiratet verstorben und wollte der jüngere heiraten, so mußte die Braut zuerst dem toten Bruder angetraut werden, danach dem lebenden.[40]

Wo Rituale des Nach- und Vorholens oder der Ersatzbefriedigung von der Gemeinschaft verabsäumt oder aus irgendwelchen Gründen nicht „inszeniert" werden konnten, da ergreifen die Toten selber die Initiative, allerdings, wie schon gesagt, auf eine zwanghaft verschobene und für die Lebenden verderbliche Weise. Mädchen oder Frauen, die starben, ohne dem versprochenen oder von ihnen geliebten Mann vermählt worden zu sein, suchen den ersehnten Mann nachts heim, der ihnen an dieser

Liebesnacht nachstirbt. Aber ihre Gier treibt sie weiter in die Arme anderer junger Männer, die dem gleichen Los verfallen:

„Aus dem Grabe werd ich ausgetrieben,
Noch zu suchen das vermißte Gut,
Noch den schon verlornen Mann zu lieben
Und zu saugen seines Herzens Blut.
Ist's um den geschehn,
Muß nach andern gehn,
Und das junge Volk erliegt der Wut."

Zu dem schon der Antike (Phlegon, Philostrat) bekannten Typus der *„Braut von Korinth"*, dem Goethes gleichnamige Ballade zu literarischem Ruhm verholfen hat, gesellt sich der volkstümliche Typus der *Willi* (die Bezeichnung entstammt dem Slawischen), der auf ähnliche Weise zu künstlerischem Nachruhm avancierte. „Die Willis", so schreibt Heinrich Heine in seinem Essay über „Elementargeister", „sind Bräute, die vor der Hochzeit gestorben sind." Sie können im Grab nicht ruhig liegen. In ihren toten Füßen, in ihren toten Herzen lebt noch jene Lebens- und Tanzlust, „die sie im Leben nicht befriedigen konnten". Um Mitternacht steigen sie aus ihren Gräbern, „versammeln sich truppenweis an den Heerstraßen, und wehe dem jungen Menschen, der ihnen da begegnet!" Sie „umschlingen ihn mit ungezügelter Tobsucht", und er muß mit ihnen tanzen, ohne Ruhe und Rast, bis er tot hinfällt. Die erotische Unersättlichkeit der im Leben „unbefriedigten" Bräute ist hier zu Tanzwut „verschoben". Der symbolische Zusammenhang zwischen Tanzen und Geschlechtsverkehr ist der Psychoanalyse längst bekannt: Das eine kann im psychischen Geschehen (etwa im Traum) für das andere stehen.[41] Die „Wilis" haben im beliebten Ballett „Giselle" von Adolphe Adam ihre nachträgliche choreographisch-musikalische Verklärung gefunden. Der Bräutigam oder Verlobte, der vor der consummatio matrimonii umkommt, holt seine Auserwählte zu einer schauerlich-verdrehten Hochzeit ins postmortale Eheglück: der Kirchhof ist der Trauungsort, ein Leichenzug das Hochzeitsgeleit, das traute Heim das Grab, das Ehebett der Sarg und der Bräutigam – ein Gerippe. Dieser Typus ist als *„Lenorenstoff"* in der Volksüberlieferung weit verbreitet[42]; seinen Namen trägt er von Bürgers Ballade (die ihrerseits von einem Volkslied inspiriert wurde, das uns in „Des Knaben Wunderhorn" erhalten blieb). „Unbefriedigte" männliche oder weibliche Tote müssen unschädlich gemacht werden: Man immobilisiert sie etwa, indem man einen gewaltigen Stein auf sie wälzt und sie so am Boden fixiert; oder man gräbt sie aus und verbrennt sie außerhalb der Siedlung. Verbrennt man die Tote zusammen mit dem von ihr „totgeliebten" Bräutigam nach herkömmlichem Brauch, sind beide wenigstens im Tode vereint und erlöst. – Bleibt noch zu sagen, daß der Umgang mit Toten gerade auf dem „weiten Feld" des menschlichen Trieblebens und der Triebökonomie ein Personbild entwickelt hat und voraussetzt, von dem neuzeitliche „Antriebspsychologie" so manches hätte lernen können.

c. Kleidung, Ambiente

Der arabische Geograph und Historiker Ibn Rusta (gest. 912) bringt in seiner Enzyklopädie („Buch der erlesenen Kostbarkeiten") eine Notiz über die Bestattungspraxis der Wikinger (Waräger) im Gebiet des Ladoga- oder Ilmensees: „Stirbt ein Angesehener von ihnen, so graben sie ihm ein Grab gleich einem geräumigen *Hause,* in das sie ihn hineinlegen, und mit ihm legen sie hinein seine *Leibgewänder* und sein goldenes Armband, das er zu tragen pflegte, und viele Speise und Krüge mit Getränk, sowie auch Geld. Sie legen auch mit ihm noch lebend ins Grab seine Lieblingsfrau, und es wird hinter ihr die Türe des Grabes verrammelt, so daß sie darin stirbt."[43] Die Museen aller Welt sind gefüllt mit Grabbeigaben: von Gefäßen zur Aufnahme fester und flüssiger Nahrung über Textilien und -faserreste bis zu Goldschätzen (etwa aus dem Grab Tutenchamuns, der etruskischen Tomba Regolini-Galassi, der skythischen Kurgane). Diese erlauben Rückschlüsse auf die materielle und geistige Kultur vergangener Gesellschaften, deren Kenntnis uns sonst weitgehend verschlossen geblieben wäre. Und die Grabanlagen und Grabbauten, die diese Beigaben bargen, liefern oft die einzigen oder zuverlässigsten Daten über den Wohnstil und die Architektur der lebenden Zeitgenossen der toten Bewohner.[44] Da wir hier an einer Kulturgüterkunde nur marginal interessiert sind, beschränken wir uns auf die vitalen Interessen der Toten und ihren Drang nach personaler Würde.

Der Tote bedarf angemessener *Bekleidung.* Das Begräbnis des Wikingerhäuptlings (S. 26) verschlang zwei Drittel seiner Hinterlassenschaft, davon die Hälfte wurde allein an die Fertigung von Prachtgewändern gewendet. Der schon bekannte Periander, Tyrann von Korinth, habe seine ebenfalls schon bekannte tote Gattin Melissa durch ein Totenorakel (Nekromantie) beschworen, um in irgendeiner ihm wichtigen Sache Auskunft einzuholen – so Herodot (S. 30). Die Tote sei zwar erschienen, habe aber jede Auskunft verweigert: Sie friere und sei nackt, denn die Kleider, in denen er sie beigesetzt habe, seien nicht mitverbrannt worden und ihr deshalb auch nichts nütze. Daraufhin ließ Periander durch ein Edikt alle

Frauen der Stadt zum Hera-Tempel rufen. Alle erschienen zu einem vermuteten Fest in Feiergewändern. Die heimlich verteilten Leibwachen Perianders nahmen ihnen die Gewänder sämtlich ab. Die Kleider wurden in eine Grube (Opferplatz für den Totenkult) geworfen und unter Anrufung Melissas verbrannt. Daraufhin habe die Tote die gewünschte Auskunft nicht länger verweigert. Nebenbei ist von dieser Anekdote zu lernen, daß bei Brandbestattungen die Beigaben mitverbrannt werden müssen, sollen sie den Toten im Jenseits verfügbar sein. Beisetzung des oder der Toten im Sonntagskleid wird von den Angehörigen (nach Auskunft von zwei Bestattungsunternehmern am Schreibort des Verfassers) auch heute oft gewünscht.

Bei Erd-, Wasser- oder Feuerbestattung versieht man die Toten oft mit einem gewohnten oder wohnlichen *Ambiente.* Besonders seefahrende Völker stellen sich das Totenreich im Meer oder auch jenseits des Meeres vor. Das Schiff ist ihnen nicht nur wichtigstes Ambiente, sondern auch das angemessene Vehikel für und in die jenseitige Welt. Das altenglische, stabreimende *Beowulf*-Epos (Handschrift um 1000) beginnt mit der Schilderung einer Schiffsbestattung für den Dänenkönig Scyld: „Nie hörte ich köstlicher einen Kiel (ein Schiff) beladen / mit Kriegswaffen und Kampfgewanden, / Schilden und Schwertern. In seinem Schoß lagen / die kostbaren Kleinode, die mit dem König sollten / fernhin fahren in der Fluten Reich. / … / Dann gaben sie ihm ein goldenes Banner / hoch zu Häupten, ließen hin ihn treiben, / sandten ihn seewärts. Der Sinn war trüb, / bekümmert den Kriegern. Keiner vermag / von den Saalbesitzern (Gefolgsleuten) zu sagen fürwahr, / kein Held unterm Himmel, wer den Hort empfing."[45] Die Sitte der Schiffsbestattung ist auch da beibehalten worden, wo die Wohnsitze von Seefahrern nicht mehr an Küsten liegen oder wo man die Toten verbrennt, die dann zusammen mit ihrem Boot eingeäschert werden (S. 27). Denn der rituelle Umgang mit Toten ist bekanntlich äußerst konservativ (S. 20). Das angemessene Ambiente für tote „Landratten" ist das *Haus*.[46] Sei es, daß man die Toten in den Häusern der Lebenden bestattet (Hausbestattung; wovon unter S. 68 die Rede sein soll); sei es, daß die Hinterbliebenen den Toten samt seinem Eigentum in seiner Behausung belassen und wegziehen oder ihn und sein Haus mitsamt Inhalt verbrennen; sei es, daß sie *über* seinem Grab eine Hütte errichten und mit Inventar für ihn versehen (in vielen traditionellen Gesellschaften).[47] Sei es, daß die Behältnisse für den Leichenbrand Hausform aufweisen (Hausurnen, z.B. aus der etruskischen Frühzeit). Sei es endlich, daß (in antiken Hochkulturen) das Grab schon *äußerlich* als Gebäude oder Palast konzipiert und konstruiert (etwa der frühdynastische Ziegelpalast von Negade in Oberägypten)[48] oder im *Innern* als Wohnraum komfortabel ausgebaut und eingerichtet wurde (so die Tumuli der etruskischen Nekropole von Cerveteri). Auch wo das Hausgrab nicht die übliche Bestattungsform war, wurde Erbrechen eines Grabes zur Beraubung des Toten (sog. „Reraub") als räuberischer Überfall auf ein *Haus* eingestuft und wie ein solcher bestraft. Das altfränkische Recht (dessen komplizierte Überlieferungsgeschichte vom 6. Jh. bis zur Endredaktion unter Karl d. Gr. hier nicht zu interessieren braucht) erkennt auf eine Geldstrafe von 200 Solidi (Schillinge), „wenn jemand einen (toten) Menschen ausgräbt und ausplündert und es ihm nachgewiesen worden ist". Dasselbe Strafurteil (200 Solidi) ergeht, „wenn jemand ein fremdes Landhaus überfällt, die Türen erbricht, die Wachthunde tötet oder Menschen zusammenschlägt und auf einem Karren von dort etwas wegführt".[49]

Eine Erzählung aus dem späten Neuen Reich, den Ägyptologen unter dem Namen „Gespenstergeschichte" bekannt, berichtet, wie einem Hohenpriester des Reichsgottes Amun in Theben mehrmals der Geist *(Ach)* eines vor 800 Jahren Verstorbenen erscheint, der ihn ersucht, sein zerfallenes Grab restaurieren zu lassen: denn die Fundamente unter der Sargkammer seien nach außen weggerutscht, der Wind heule herein, und er sei gezwungen, neben seinem verfallenen Grab zu nächtigen; er wolle nicht länger unter der Sommerglut leiden noch im Winterwind frieren. Der Priester verspricht dem Geist, die Sache wieder in Ordnung zu bringen. Und er sendet wirklich Leute aus mit der entsprechenden Order. Sie finden das Grab und richten es wieder wohnlich her, „um den Namen des Geistes ... bis in Ewigkeit zu erhalten". Hier bricht die Geschichte ab.[50] Der Tote, der das ihm – kulturbedingt – angemessene Ambiente (Grab) entbehren muß, gelangt nicht ins Jenseits und verfällt dem Nichtsein, dem zweiten Tod: sein Name erlischt. Vorher aber wird er versuchen, als pathogener Quälgeist von der Vitalität der Lebenden zu zehren, solange es eben geht (S. 17). Dem Ach unserer Geschichte blieb dieses Schicksal zum Glück erspart. Noch bis heute versagt man gewissen Verbrechern nach der Hinrichtung eine ordentliche Bestattung, also ein Grab; dadurch verurteilt man sie zum *endgültigen* Tod. Und um zu verhindern, daß die Hingerichteten an den Lebenden (Richtern) dafür noch Rache nehmen können, annihiliert (vernichtet) man ihre toten Körper total. So wurden die Leichen der im Nürnberger Prozeß zum Tod durch den Strang Verurteilten Nazi-Verbrecher im KZ Dachau verbrannt, die Asche verstreute man bei „Nacht und Nebel" in ein Seitengewässer der Isar.[51]

Welches Gewicht Lebende auch heute auf ein wohnliches, ja komfortables Ambiente für ihre Verstorbenen legen, mag eine Pressenotiz von 1977 illustrieren: Der stellvertretende Ministerpräsident der damaligen Abchasischen Autonomen Sowjetrepublik beklagte sich darüber, daß seinen lebenden Landsleuten pro Kopf 9 Quadratmeter Wohnraum zustehe, die Toten aber auf den Friedhöfen bekämen bis zu 40, oft sogar 50 Quadratmeter; spielbereite Radios und Fernseher mit Anschluß seien auf Gräbern keine Seltenheit; und mit der protzigen Marmorausstattung der Grabstätten wären ein Dutzend Theater und dazu einige U-Bahn-Linien auszukleiden gewesen.[52]

C. Recht und Pflicht

Grundsätzlich gilt: Beziehungen, wie sie Lebende untereinander eingehen (und auch wieder beenden), sind auch *zwischen Lebenden und Toten* möglich und dauern *über den Tod hinaus* weiter (Versprechungen – einmal gegeben – sind in jedem Fall bindend und einzulösen). Lebende können in Rechtsverhältnisse mit Toten eintreten (Ehe), Rechtsverhältnisse mit ihnen auflösen (Scheidung). Rechte und Pflichten sind durch den Tod nicht kassiert (Tote behalten Eigentum und Schulden). Deshalb können Tote Rechte gegen Lebende einklagen, können selber von Lebenden vor Gericht gezogen und bestraft werden. In der Terminologie der Jurisprudenz heißt das: in Gesellschaften und Kulturen, von denen hier die Rede ist und im Unterschied zu modernen Gesellschaften, besitzt der tote Mensch *Rechtspersönlichkeit,* bleibt er interaktionsfähiger Rechtspartner (S. 9f).[53] Aus dem Beziehungsgeflecht von Recht und Pflicht, in das Lebende und Tote gemeinsam involviert sind, seien einige

„Knotenpunkte" aufgegriffen (Versprechen, Ehe und Scheidung, Rechtsgang und Strafe, Verschuldung und Eigentum).

a. Versprechen

Auch in den Beziehungen zwischen Lebenden und Toten gilt: „pacta sunt servanda" – Abmachungen sind einzuhalten. Da in diesem Fall *Lebende* eher geneigt sind, *Abmachungen mit Toten* nicht ernst genug zu nehmen und zu verdrängen, geraten sie in eine äußerst kritische Situation; denn die Toten vergessen nichts. Davon weiß ein isländisches Volksmärchen zu berichten: Vier Männer sind daran, auf dem Friedhof für eine Leiche ein Grab auszuschachten. Dabei stoßen sie auf menschliches Gebein, ein riesiger Oberschenkelknochen fällt besonders in die Augen. Einer der Totengräber, ein übermütiger junger Kerl, nimmt den Knochen auf mit den Worten: „Das muß ein verdammt kräftiger Bursche im Ringen gewesen sein, den möcht ich zum Jux zu meiner eigenen Hochzeit einladen!" Fünf Jahre später will der junge Mann Hochzeit halten. Der verstorbene Eigner des Oberschenkels, dessen Grabesruhe durch den Unfug mit seinem Knochen gestört worden war, erscheint dem Bräutigam nachts als „Wiedergänger" (umgehender, wiederkehrender Toter) und gemahnt ihn an die Einladung. Der Ermahnte beichtet seiner Braut. Sie rät ihm folgendes: Für den toten Gast müsse ein separates Haus gezimmert, innen mit Teppichen festlich behängt und mit Bett, Stuhl, Tisch versehen werden. Auf dem weiß eingedeckten Tisch müßten Kerzen stehen und – als einzige Speise für den Toten – eine Schüssel voll geweihter Erde, dazu eine Flasche Wasser. Er müsse den Gast persönlich zu seiner Unterkunft geleiten, dürfe aber nicht *vor* ihm hergehen oder gar „mit ihm unter dasselbe Dach kommen". Auch solle er möglichst wenig mit ihm reden und auf keinen Fall eine Gegeneinladung von ihm annehmen. Die Tür müsse er hinter dem toten Gast eiligst verschließen und fortgehen, sobald er angeboten habe, was auf dem Tisch bereitstehe. Der tote Gast stellt sich tatsächlich – natürlich erst nach der kirchlichen Trauung – zum Hochzeitsschmaus ein. Der Bräutigam handelt genau nach den Anweisungen seiner Braut und bleibt dadurch unversehrt. Am nächsten Morgen will der Mann nach dem Gast sehen, aber die junge Frau läßt ihn keinen Schritt allein. Sie geht vor ihm her und schließt auf: der Gast ist verschwunden, das Wasser ausgetrunken, die Erde aus der Schüssel auf dem ganzen Boden verteilt. Die junge Frau hatte das geahnt. Wäre der Mann vor ihr ins Haus getreten, er wäre dem Wiedergänger, damit dem Tod, verfallen gewesen. Die Frau aber kann unbeschadet eintreten und das Haus auskehren. Der Wiedergänger hat sich nie mehr gezeigt. Und die beiden Eheleute „lebten in Glück und Liebe beisammen".[54] Für diese Geschichte sind zwei Hauptmotive bestimmend: das der „klugen Braut" und der „Don-Giovanni-Stoff", benannt nach den gleichnamigen Opern von Gazzaniga und Mozart (der freventlich eingeladene Tote – in der Oper vertreten durch die Statue des Komturs – als Tischgast). Hier interessiert nur das Motiv des toten Gastes. Der in seinem Totenfrieden pietätlos aufgestörte und verulkte Tote (vgl. S. 35: Drang nach personaler Würde) wird zum bösartigen Wiedergägner. Mit ihm unter demselben Dach zu hausen, unter dasselbe Dach zu treten, zu speisen oder sich von ihm gegeneinladen zu lassen bedeutet den sichern Tod (S. 22). Schon einem bösartigen Toten antworten ist verhängnisvoll: Verbale Kommunikation verbindet und bindet, gibt dem Wiedergänger

Macht über den Kommunikationspartner.[55] Und hätte der junge Mann die am Boden verstreute geweihte Erde betreten, so hätte er Kirchhofsgrund betreten und damit der Gegeneinladung des Toten (zu seinem eigenen Verderben) doch noch Folge geleistet. Die auf dem Tisch in der Unterkunft des toten Gastes brennenden drei Kerzen (wie auch das Verschließen der Tür) hindern die Beweglichkeit des Toten und schützen die Lebenden vor seinen nächtlichen unheilvollen Exkursionen. Der Brauch übrigens, bei einem aufgebahrten Leichnam Kerzen brennen zu lassen, gilt dem nämlichen Zweck.[56]

Weil *Abmachungen unter Lebenden* beim Tod einer Partei ihre Gültigkeit behalten, besteht die überlebende Partei auf Einhaltung: der *Tote* bleibt an sein Versprechen gebunden, das er zu Lebzeiten gegeben hat. Davon handelt die neugriechische Ballade „Konstantinos und Areti".[57] Sie erzählt von einer Mutter, die neun Söhne hat und eine einzige Tochter, Areti, ihren Liebling. Die Tochter soll nach Babylon verheiratet werden. Die Mutter und acht Brüder raten ab: Wenn die Mutter sterbe, krank werde, Freude oder Kummer habe – wer solle dann die Ferne benachrichtigen oder heimholen. Konstantinos, der neunte Bruder, der der Heirat seiner Schwester als einziger nicht widerrät, schwört bei Gott und allen Heiligen, Areti in diesem Falle persönlich aufzusuchen und notfalls zurückzubringen. Der Fall tritt ein. Alle Brüder werden durch die Pest hingerafft; die untröstliche Mutter bleibt allein zurück. Sie zieht den Grabstein von Konstantins Grab und beschwört ihn, sein Versprechen zu halten. Und der Tote holt seine lebende Schwester aus Babylon nach Hause. Das Wegziehen des Grabsteins durch die verzweifelte Mutter bedeutet einen Eingriff ins Ambiente des Toten, stört seinen Grabfrieden, treibt den Toten hinaus und zwingt ihn zur Erfüllung des Versprechens, will er nicht seines ordentlichen Totendaseins verlustig gehen (vgl. S. 38). Die Darstellung der gespenstischen Heimfahrt Aretis schließlich bedient sich ungeniert beim Lenoren-Szenar (vgl. S. 34).

Umgekehrt besteht bei Abmachungen unter Lebenden auch die inzwischen verstorbene Partei auf strikter Einhaltung: die *Lebenden* bleiben an ihr Versprechen gebunden, das sie zu Lebzeiten des Toten abgaben. Darauf läuft An-skis dramatische Legende „Der Dybuk" heraus (berühmt durch die Aufführungen des hebräischen Theaters „Habimah" in Moskau und Tel-Aviv): Ein Mädchen soll verheiratet werden. Da ergreift ein Totengeist, ein *dibbuq,* von ihm Besitz. Es stellt sich heraus, daß der Vater des Mädchens und der Vater des Toten einander versprochen hatten, ihre Kinder miteinander zu verheiraten. Vater und Sohn sind inzwischen verstorben; der Vater der Tochter fühlt sich an das Versprechen nicht gebunden und hat für die Braut eine „gute Partie" arrangiert. Doch der tote „Verlobte" beharrt auf seinem „älteren Recht". Er wird durch ein Rabbiner-Gericht in den Bann getan und gezwungen, den *Körper* des Mädchens zu verlassen; darauf wird der Bann gelöst. Doch der Totengeist hat sich bereits mit der *Seele* des Mädchens vereint, die mit ihm zusammen ihren Körper verläßt; und so bleiben die einander Versprochenen und füreinander Bestimmten „auf ewig verbunden".

b. Ehe, Ehescheidung

Durch den Tod ist eine Ehe nicht automatisch aufgelöst, wie moderne Zivilgesetzgebung oder der Nebensatz des Trauversprechens „bis daß der Tod Euch scheidet" voraussetzen (vgl. S. 35). Und noch bis in unsere Zeit hinein betrachtete man in Südtirol oder in der französischen

Schweiz die Wiederverheiratung Verwitweter als anstößig: Solche Anlässe wurden von den Burschenschaften (als Hüter der Tradition und Vertreter der Toten) mit nächtlichen „Katzenmusiken" vor den Häusern der Betreffenden gerügt.[58] Um von der Bindung an den verstorbenen Ehepartner frei zu werden, bedarf es eines *Scheidungs*rituals, wie es auch unter lebenden Gatten gebräuchlich war. Bei den mittelalterlichen Franken legte die Witwe die Schlüssel (Symbol der ehefraulichen Schlüsselgewalt) oder den Gürtel, an dem die Schlüssel hingen, auf Leichnam, Sarg oder Grab des Gatten. Dann war sie seiner und seiner eventuellen Schulden, aber auch ihres Anteils am ehelichen Vermögen ledig.[59]

Dasselbe fränkische Recht kannte die *Verheiratung* mit dem toten Bräutigam; das konnte für die Braut vorteilhaft sein, erwarb sie dadurch doch die ehefraulichen Rechte am Vermögen des Toten. Starb der Bräutigam vor dem Vollzug der Ehe, legte sich die Braut neben den Toten und ließ sich vom Priester die „Bettbeschreitung" bezeugen. Starb im vorkommunistischen China ein junger Mann vor der anberaumten Hochzeit, wurde die für ihn ausgesuchte Braut mit dem Geist des verstorbenen Bräutigams getraut, den eine Ahnentafel (S. 99) bei der Zeremonie vertrat. Die Braut erhielt dadurch den Status einer Witwe, adoptierte einen Sohn, der den Familiennamen des Verstorbenen weiterführte und die Pflege der Ahnen übernahm (die so vor Vergessen und Nichtsein bewahrt bleiben; vgl. S. 14 u. 30f). Als Witwe stellte sich die junge Frau weit besser denn als Ehefrau: sie erhielt alle beweglichen und festen Hintelassenschaften des Verstorbenen und konnte damit nach eigenem Belieben schalten.[60] Der (andernorts beschriebene) Ersatzbefriedigungsritus der Totenhochzeit (S. 32) gehört nicht hierher, weil er keine vermögens- oder statusrechtliche Verhältnisse begründet.

Da der Tote Rechtspersönlichkeit besitzt, ist er *„gerichtsfähig"*: Er kann vor Gericht als Kläger oder als Zeuge (in eigener oder fremder Sache), er muß vor Gericht als Beklagter erscheinen und, wenn schuldig, Strafe erleiden. Es gilt der Grundsatz des Zwickauer Rechtsbuches (14. Jh.), daß man über die Toten richten solle „in aller wize, als si lebendic weren".[61]

Wenn der Tote vor Gericht als *Kläger* auftreten wollte, mußte er persönlich vor Gericht erscheinen. Auch durfte er nicht bestattet werden, solange das Verfahren hängig war, wie eine Illustration aus der Heidelberger Bilderhandschrift des Sachsenspiegels (eines der verbreitetsten mittelalterlichen Rechtsbücher) zeigt: Der Richter auf seinem Richterstuhl verbietet durch Handgebärde einem Mann mit Schaufel (Verwandten des Toten) das Begräbnis einer zu seinen Füßen hingestreckten menschlichen Gestalt (des Toten), bis er die Rechtssache entschieden hat.[62] Wie aber kommt der tote Kläger vor Gericht? Seine Verwandten bringen ihn vor den Richter und erheben an seiner Stelle die Anklage („Klage mit dem toten Mann"). Da die erforderliche Aussetzung einer korrekten Bestattung für den toten Kläger diskriminierend und für die Lebenden beschwerlich war (vgl. S. 38), begnügte man sich später mit der abgetrennten rechten Hand des Toten („Klage mit der toten Hand"), einer Haarlocke oder einem sonstigen „Leibzeichen" zur Markierung seiner gerichtlichen Präsenz. Der geläufigste Fall, wo Tote als *Zeugen* in eigener Sache aussagen, ist die sog. Bahrprobe. Der vor Gericht eines Mordes Bezichtigte mußte sich dem aufgebahrten Opfer nähern und es berühren: Beginnt die Todeswunde zu bluten, gilt das als Aussage des Ermordeten, der ihn berührt habe, sei der Täter.[63] Bei australischen Aborigines legt der nächste Verwandte seinen Kopf auf den Leichnam, darauf verrät ihm der Tote im Traum den Namen des Schuldigen.[64] Auch für Zeugenaussagen zugunsten anderer ruft man Tote vor Gericht. Ein Bauer hatte seinem Patenkind einen Acker versprochen. Da der Knabe dafür weder Zeugen noch Urkunde beibringen konnte, erkannten die Erben nach dem Tod des Bauern das Versprechen nicht an. Da ging der Knabe auf den Friedhof und rief den Toten dreimal um Beistand an. Dieser antwortete: „Öffne mein Grab!" Das geschah; und der Knabe trug den Toten vor das Gericht, wo der Tote die Vergabung bestätigte und dem Patenkind der Acker zugesprochen wurde. So eine Sage aus dem Luzernbiet.[65] Wo der Tote sein Recht zugesprochen erhält, wird ihm auch die gebührende Genugtuung zuteil: 1379 wurde der durch die Bürgerschaft Stralsunds vertriebene Rat durch Herzog Wratislaw VI. rehabilitiert, worauf die Ratsherren bei ihrer ersten Sitzung ein inzwischen verstorbenes Ratsmitglied mitten unter die lebenden Kollegen auf seinen alten Ratsherrenstuhl plazierten.[66]

War der Tote der *Beklagte* („Klage gegen den toten Mann"), so galt im Mittelalter bis weit in die Neuzeit hinein der Grundsatz, daß der erschlagene Räuber enthauptet, der tote Dieb gehängt, die Leiche der Kindsmörderin und die gestorbene Hexe verbrannt, das in flagranti ertappte und getötete ehebrecherische Paar gepfählt wird.[67] Da das Mittelalter den gerichtlichen Zweikampf zwischen Kläger und Beklagtem als Mittel der Rechtsfindung anerkannte, bewies ein (angeblich) als Räuber oder Dieb oder überhaupt Rechtsbrecher Erschlagener seine Unschuld vor Gericht, wenn er im Zweikampf über seinen Töter obsiegte. Wie konnte er das? Indem ein (lebender) Verwandter in seiner Anwesenheit und an seiner

Stelle für ihn focht und gewann.[68] Folgen einige Beispiele von Bestrafung Toter aus Mittelalter, früher Neuzeit und neuester Zeit zur Illustration – zur Illustration auch dafür, daß das Thema noch längst nicht „vom Tisch" ist. Im Jahre 897 holte man den verstorbenen Papst Formosus auf Befehl seines Nachfolgers (und Feindes) Stephan VII. aus dem Grab, brachte ihn, mit päpstlichen Gewändern angetan, vor die Synode, gab ihm einen Verteidiger bei und verurteilte ihn wegen Meineides: Man schlug ihm die rechte Hand ab (Abhauen der Schwurhand war gewöhnliche Strafe für Meineidige), kleidete ihn in Laiengewänder (Rückversetzung in den Laienstand), schleppte ihn an den Füßen (also rücklings) aus der Kirche und warf ihn in den Tiber.[69] Huldrych Zwingli, der Schweizer Reformator, sei, so der Bericht seines ersten Biographen Oswald Myconius[70], nach seinem unglücklichen Tod in der Schlacht von Kappel noch auf dem Schlachtfeld von den (katholischen) Siegern abgeurteilt, gevierteilt, ins Feuer geworfen und zu Asche verbrannt worden. Und nach Aussage des damaligen Leiters des Nürnberger Gefängnisses US-Oberst Andrus[71] ließen die Siegermächte den toten Göring, der sich durch Selbstmord der Hinrichtung durch den Strang entzogen hatte, anschließend an die Exekution der anderen NS-Verbrecher – „als symbolisch gehängt" – auch in den Hinrichtungssaal tragen, später verbrennen und die Asche in fließendes Gewässer verstreuen (S. 38). Die peinliche Strafe an Toten bezweckt (gleich der Todesstrafe an Lebenden) unter anderem ihre totale Annihilation (Vernichtung durch Feuer, Auflösung durch Wasser, Zerstückelung), beraubt sie der Möglichkeit eines ordentlichen Begräbnisses und einer (wie immer gearteten) postmortalen Weiterexistenz.

d. Verschuldung, Eigentum

Da Rechtsverhältnisse grundsätzlich über den Tod hinaus fortbestehen, behält der Tote das Recht an seinem Eigentum, ist aber auch durch *Schuldverpflichtungen* weiter gebunden. Ein jüdisches Märchen beginnt so: Ein Fremder kommt in eine Stadt, wo große Aufregung und Trauer herrscht. Ein angesehener Mann ist gestorben; da dieser aber dem König seit langem eine Summe Geldes schuldet, gibt ihn der Herrscher nicht eher zum Begräbnis frei, „als bis das Geld bezahlt ist". Der Fremde bezahlt für den Toten.[72] Ähnlich der Anfang eines isländischen Volksmärchens: Ein verarmter Prinz auf Wanderschaft übernachtet bei einem Bauern. Da sieht er, wie der Bauer mit seinem Gesinde einen Grabhügel zerwühlt. Auf seine Frage, warum das geschehe, wird ihm die Antwort, in diesem Hügel liege ein Mann begraben, der dem Bauern Geld schuldig geblieben sei; und solange er lebe, werde er das Grab zerwühlen, damit „der Tote in seinem Grabe weder Frieden noch Ruhe finden könne". Da gibt ihm der Königssohn seine letzten Pfennige für den Toten her.[73] In beiden Fällen geht die Geschichte so weiter, daß „der dankbare Tote" (so auch der Name dieses Erzähltyps) seinen Wohltäter in allerlei Gefahren beschützt, so daß er sein Glück macht und die Hand einer Königstochter erringt. Den beiden Märchen entspricht oft bitterste Realität: In Teilen Afrikas ließ man bis ins ausgehende 19. Jh. einem Toten, der Schulden hinterließ, keine Ruhe. Die Gläubiger beschlagnahmten den Leichnam und setzten ihn auf einem Holzrost so lange der Sonne und dem Getier aus, bis seine Verwandten die Schuld abbezahlt hatten.[74] Zahlten sie nicht, war dem Toten, weil unbestattet, der Eingang ins Jenseits verwehrt (S. 37).

Daß Tote *Eigentum* besitzen können, zeigte sich uns

schon daran, daß im altfränkischen Recht Erbrechen eines Grabes und Beraubung des Leichnams (Reraub) als räuberischer Überfall auf ein Haus und seine Bewohner eingestuft und geahndet wurde (S. 37). Bei den Inkas verfügten die toten Herrscher und ihre toten legitimen Gemahlinnen über Felder, Frauen, Dienerschaft wie zu Lebzeiten (der gemeine Mann, die gemeine Frau kannten ohnehin kein Privateigentum in unsrem Sinne, da das Gemeinwesen staatskommunistisch organisiert war).[75] Aber so weit brauchen wir unsre Raum-Zeit-Reisen gar nicht auszudehnen. Noch um die Jahrhundertwende ist uns aus dem Maggiatal (Tessin) der Brauch verbürgt, Toten „Land, Ställe, ja ganze Wohnungen" zu vermachen.[76]

In traditionellen Gesellschaften beansprucht der Tote sein gesamtes Eigentum für sich. Nach einem Todesfall verschließt die hinterbliebene Gemeinschaft die Behausung des Verstorbenen samt Inhalt und räumt die Stätte des Todes oder zieht ganz weg. Meist wird dabei die Hütte verbrannt, der Besitz des Toten *vernichtet* – seine Pflanzungen verwüstet, seine Palmen gefällt –, sogar die Erwähnung seines Namens vermieden (Bewohner von Nossi-Bé und Mayotte vor Madagaskar; Belep-Insulaner in Neukaledonien; Navahos und Apachen in Nordamerika; Aranda in Australien). Zuweilen räumt man den Ort des Todes nur auf bestimmte Zeit (Trauerzeit), läßt unterdessen auch das Land unbebaut: Haus und Land des Verstorbenen bleiben dann für einige Monate dem Gebrauch durch die Lebenden entzogen (Neuseeland, Neuguinea). In der Nähe ihres Grabes sind die Toten natürlich am mächtigsten: hier treten sie als besonders eifersüchtige Landeigentümer auf; und niemand von den nächsten Angehörigen des Toten würde es wagen, Früchte zu berühren oder zu essen, die dort (für ihn) angebaut werden (Polynesien, Neuhebriden).[77] Um zu verhindern, daß das Eigentum des Toten in andere Hände fällt, auch, daß nicht dem Toten verfällt, wer sein Eigentum berührt, vernichtet man es. Ferner: Um dem Toten im Jenseits überhaupt den Gebrauch seines Eigentums zu ermöglichen, muß es ebenfalls „getötet", zerstört werden. Außerdem gilt die Totenwelt nach verbreitetem Glauben als „verkehrte Welt" (S. 19f): Was hier ganz ist, wird dort unbrauchbar; was dort ganz sein soll, muß hier unbrauchbar gemacht werden.

Besonders *Familienmitgliedern* wird das Eigentum des Verstorbenen gefährlich. Bei Gebrauch (Berühren, Verzehren) gehören sie ebenfalls ihm: er holt sie in sein Totendasein nach; die Trennung von ihnen fiel ihm ohnehin schwer. Gebrauch seines Eigentums durch *Sippenfremde* läßt er hingegen eher durchgehen: das Verlangen, auch sie nachzuholen und im Jenseits bei sich zu haben, ist vergleichsweise gering. Und wenn er schon nicht seinen ganzen Besitz mit ins Grab nehmen kann, dann gönnt er ihn lieber der ganzen Gemeinschaft (dem Stamm) als den eigenen Nachkommen. Statt also das Eigentum des Toten dem Toten zu überlassen, dem Verfall preiszugeben oder zu zerstören, kann man es auch verschenken und verschwenden – nur daß die Angehörigen nichts davon erhalten dürfen. Solche „Verschwendungsfeste" aus Anlaß eines Todesfalles sind bei nordamerikanischen Indianern und indonesischen Stammesgemeinschaften gebräuchlich. Sie sind für das frühe Mittelalter auch im baltischen Raum zu belegen. Aus der Zeit um 900 berichtet uns ein altenglischer Text von der Reise eines gewissen Wulfstan ins Land der „Esten".[78] Es sei dort (in *Eastland)* Sitte, einen Toten einen Monat bis zu einem halben Jahr im Haus zu behalten bei „Trinken und Spiel". Am Tage, wo sie ihn verbrennen, werde, was von seinem Eigentum „nach dem Trinken und Spielen" noch übrig sei, in mehrere Portionen geteilt. Diese Portionen würden vor der Stadt auf einer Strecke von einer Meile nach ihrer Größe so ausgelegt, daß die kleinste der Stadt (wo der Tote liegt) am nächsten, die größte am fernsten sich befinde. Fünf oder sechs Meilen von den ausgelegten Habseligkeiten und der Stadt entfernt, würden sich die Leute zu Pferde versammeln, sodann lossprengen: Der schnellste Mann schnappe sich die größte Portion und biege ab, der nächste die nächstkleinere und so fort bis zum langsamsten und letzten, dem die allerkleinste zufalle. Sei der Nachlaß so unter die Leute verteilt, werde der Tote mit seinen Waffen und Kleidern verbrannt. Und damit sei das ganze Vermögen an Fremde verschwendet. Durch solche „Verschwendungsfeste" (in der ethnologischen Fachsprache wird dafür das indianische Wort *Potlatch* gebraucht) sorgen die Toten auch für einen periodischen Besitzausgleich innerhalb der sippenübergreifenden Gemeinschaft. Im germanischen Bereich hat der „Egoismus" der Toten ganz andere sozio-kulturelle Folgen gezeitigt.

Nach germanischem Totenrecht nimmt der Tote seine Fahrhabe mit ins Grab, vor allem seine Waffen und die Kriegsbeute, die er sich zu Lebzeiten erstritten hat (vgl. S. 25ff u. 34ff). Ab einem bestimmten Bevölkerungsdruck konnten sich die hinterbliebenen Nachkommen auf der bloßen Scholle (oft parzelliertem Grundbesitz ohne Fahrhabe) nicht mehr halten und waren gezwungen, ihrerseits auf Kriegsbeute auszugehen. Das dürfte mit eine Ursache für die Wikingerzüge gewesen sein, die das Gesicht Europas innerhalb dreier Jahrhunderte veränderten.[79] Jüngere germanische Rechte reduzierten den sog. *„Totenteil"*[80] auf eine bestimmte Quote (oft einen Drittel) der dem Toten ursprünglich zustehenden Fahrhabe.

Später fiel dieser Totenteil als „Seelteil", „Seelgerät", „Seelschatz" an die Kirche, die sich dafür um das Seelenheil der Verstorbenen bemühte. Nach angelsächsischem Recht empfing „die Hand der Kirche" (der Vertreter der Kirche) am offenen Grab, was früher dem Toten mitgegeben oder mit ihm zusammen verbrannt worden war – Ritus, der anzeigt, daß eigentlich der Tote als Eigentümer schenkt und verzichtet. Von da her war es nur noch ein kleiner Schritt zum modernen *Erbrecht*, das den Verstorbenen leer ausgehen läßt und all sein Eigentum den Lebenden zuschlägt. Eine Episode der altisländischen Sage von Egil Skalla-Grimsson wirft ein Schlaglicht auf die Konfliktsituation, in die Lebende (und Tote) geraten, zu einer Zeit, wo die Autorität des alten germanischen Totenrechts abzubröckeln begann.[81] Der alte Egil, in seiner Jugendzeit gefürchteter Wikinger, verlebt seine letzten Jahre bei seinem Schwiegersohn und seiner Stieftochter. Da er befürchtet, daß ihm seine Truhen voll Beutelsilbers beim Ableben nicht ins Grab beigegeben würden, will er das Silber zum Thing mitschleppen, dort unter die Anwesenden ausschütten und sich daran ergötzen, wie am Ende „die ganze Thingversammlung miteinander kämpft". Da ihm dieses Vorhaben vereitelt wird, nimmt er eines Abends zwei Sklaven mit sich, packt sein Silber auf ein Pferd und reitet mit ihnen davon. Das Silber versenkt er an einem Ort, den er niemandem verrät; die beiden Knechte, die ihm dabei helfen mußten und so zu Mitwissern wurden, tötet er. Bald darauf wird er krank und stirbt. Man begräbt ihn „mit seinen Waffen und Kleidern" unter einem Hügel. Sein Silberschatz bleibt unauffindbar. Einige Jahrhunderte früher mahnt ein altenglisches Gedicht mit schon deutlich christlichem Pathos:

„Wenn auch der Bruder / dem leiblichen Bruder
mit Gold / das Grab schmücken will,
mit mancherlei Gaben, / die er mithaben will,
bei den Toten / (ihn) zu bergen;
so kann seiner Seele, / mit Sünden beladen,
Gold nicht helfen / vor Gottes Zorn,
wenn er es hortet, / vorher, solange er lebt."[82]

Die Botschaft lautet, daß alles Gold der Seele im Jenseits nichts nützt, wenn der Mensch es im Diesseits nicht gut (für den Nächsten) angewandt hat.

Ist auch der Anspruch des Toten auf sein Eigentum durch das moderne Erbrecht kassiert worden, so bringt er sich im *Brauchtum* in mehr oder weniger deutlicher Form immer noch in Erinnerung. Um die Jahrhundertwende pflegte in Persien der Sohn das Haus aufzugeben, in dem sein Vater starb.[83] Und in Bayern galt es zur selben Zeit als schicklich, bei einem Todesfall die Wohnung zu wechseln. In der Gegend von Rom verläßt die Familie, wenn sie anders unterkommen kann, für sieben Tage das Trauerhaus. Bei den spaniolischen Juden in Tripolis zertrümmern die Frauen aus Anlaß eines Todesfalles das Geschirr; auf Malta zerschlagen spezielle Klagefrauen einen Großteil des Inventars. Was an Speisen zur Zeit eines Todesfalles bereitet wurde, darf mancherorts (Karpathen, Mittelfrankreich) nicht genossen werden.[84] In bäuerlichen Gegenden Europas muß den Tieren im Stall und den Bienen im Stock der Tod des Hausherrn förmlich angekündigt werden (sog. „Todansagen"), damit die Tiere ihm nicht nachsterben; im luzernischen Napfgebiet klopfte so jemand an die Bienenstöcke und sagte dabei laut: „De Vatter isch gschtorbe!"[85] Und wenn früher dem Toten ein Fünf- oder Zehnpfennigstück mit den Worten „Hier hast du deinen Zehrpfennig, laß mir meinen Nährpfennig!" in den Sarg gelegt wurde, dann handelt sich's in diesem Fall nicht um die bekannte Münze für die Überfahrt ins Jenseits, sondern um eine symbolische Ablösung des Anspruchs, den der Tote auf sein Eigentum eigentlich hat.[86] Eine Zeitungsnotiz[87], die vermeldet, daß ein japanischer Kunstsammler (angeblich) plane, einen Van Gogh und einen Renoir von unschätzbarem Wert mit ins Grab zu nehmen, mahnt (wenn sie stimmt), daß dieser Anspruch längst nicht aufgegeben sei.

D. Religion und Kult

Da die Toten mächtig sind (vgl. S. 13), kann der Umgang mit ihnen die Form der religiösen Verehrung annehmen, zumal in solchen Gemeinschaften, die von ihnen (allgemein oder besonderen „Exemplaren" unter ihnen) Beförderung von Fruchtbarkeit und Wachstum und übernatürliche Machterweise erwarten (traditioneller Ahnen-, antiker Heroenkult, christliche Heiligenverehrung). Die Tatsache, daß die Toten *„Objekt“* von Religion sein können, ist aber nicht unser Thema. Hier interessiert die Tatsache, daß die Toten selber religiöse *„Subjekte“* sind: daß sie selber *Religion* „haben" und ausüben und daß sie zusammen mit den Lebenden in *Kultgemeinschaft* stehen.

a. Sonderreligion

Über die Religion der Toten – sofern sie sich von der der Lebenden unterscheidet – wissen wir wenig, aber immerhin etwas. Daß sich die Religion der Toten von der der Lebenden unterscheiden muß, ist da offensichtlich (oder mindestens zu vermuten), wo der Glaube herrscht, die Verstorbenen unterstünden im Jenseits *besonderen Gottheiten* (Unterweltsgöttern, -göttinnen), die mit der Welt der Lebenden und ihren Gottheiten nichts zu tun haben. Das schimmert noch im Alten Testament durch, wo es heißt: „Denn nicht lobt dich (Jahwäh, den Gott Israels) die Unterwelt ...; die zur Grube hinunterfahren (die Toten), harren nicht auf deine Treue. Der Lebende, nur der Lebende, der lobt dich ..." (Jes 38, 18f).

Andeutungen über die *Religion der Toten* in der Unterwelt kommen uns aus dem alten Ägypten zu: aus den sog. „Unterweltsbüchern" des Neuen Reiches. Die Toten sind „frenetische" Anhänger des Sonnengottes Re. Wenn auf der Erde Nacht herrscht, fährt Re mit seinem Gefolge auf der Sonnenbarke in die Unterwelt ein, wo für sie dann der Tag anbricht, und belebt die Leiber der schlafenden Toten. Wenn er die Unterwelt (nach zwölf Stunden) wieder verläßt, wird für sie wieder Nacht, und die Toten fallen in ihren Todesschlaf zurück. Dafür belebt er die Leiber der lebenden Schläfer, für die das Tagewerk beginnt. Die belebende Durchfahrt des Re durch die unterweltlichen Gefilde begrüßen die Toten durch Akklamationen, deren unweltliches, geisterhaftes Gebrause den Lebenden unverständlich wäre.[88] Es ist ja dem Ägypter die Totenwelt eine „verkehrte Welt" (S. 19f). Man soll sich hüten, religiösen Verrichtungen und *Gottesdiensten* von Toten beizuwohnen: das lehrt uns eine in ganz Europa verbreitete Sage von der „Geistermesse". Jemand will zur Frühmesse, vertut sich aber in der Zeit. In der Kirche amtet ein ihm fremder Priester. Auch unter den übrigen Gottesdienstteilnehmern kennt er niemanden, obwohl ihn einige ihrer Gesichter an unlängst verstorbene Bekannte erinnern. Da tritt eine zu ihm, welche, wie er meint, bei Leben seine Gevatterin gewesen und vor wenigen Wochen zu Grabe getragen worden ist, klärt ihn auf, er sei in einen mitternächtlichen Gottesdienst von Verstorbenen geraten, und vermahnt ihn, kurz vor der Wandlung wegzulaufen und sich keinesfalls umzusehen. Er befolgt den Rat, flieht rechtzeitig, die Toten mit schrecklichem Getöse dicht hinter ihm, und entkommt mit knapper Not. Seinen Mantel freilich muß er ihnen, die ihn schon gepackt haben, lassen. Das Kleidungsstück wird am nächsten Morgen zerfetzt und über die Gräber des Kirchhofs verstreut aufgefunden.[89] Hätte der unzeitige Besucher mit den Toten kommuniziert (vgl. S. 22) oder sich auf der Flucht umgewandt, er wäre ihnen verfallen und hätte das Geschick des Mantels geteilt.

Die Toten verehren nicht nur eigene Götter und feiern eigene Gottesdienste, ihnen wird auch eine *eigene Heilsverkündigung* zuteil. Nach „universalistischer" Interpretation des „Niedergefahren zur Höllen" (wie Luther übersetzt) im Apostolischen Glaubensbekenntnis sei Christus nach seinem Kreuzestod (und vor seiner Auferstehung) in die Unterwelt gefahren und habe dort den Toten das Evangelium verkündigt, Taufe und Abendmahl gespendet, damit auch sie (wie die Lebenden) eine Chance bekämen, gerettet zu werden; und dieses unterweltliche Werk hätten die Apostel nach ihrem Tode fortgesetzt und würden gestorbene christliche Missionare fortführen, um die „Chancengleichheit" für Lebende und Tote auch über Jesu „irdische" Wirksamkeit hinaus zu wahren.[90]

b. Kultgemeinschaft

Zum religiösen Partikularismus der Toten steht ihre religiöse Interaktion mit den Lebenden nur scheinbar in Widerspruch. Er ist nur Ausdruck dafür, daß die Toten gleichzeitig der Totenwelt angehören – und doch untrennbar mit der Welt der Lebenden verbunden sind. Und diese enge Bindung realisiert sich im religiösen Bereich durch die enge *Kultgemeinschaft* zwischen Lebenden und Toten (und verweist auch schon auf den nächsten Hauptabschnitt dieser Darstellung: Lebensgemeinschaft).

Zwischen Toten und Lebenden besteht *Gebetsgemeinschaft.* Daß Heilige, also religiös besonders „hochrangige" Tote, für Lebende Fürbitte einlegen, wenn sie von ihnen darum gebeten werden, daß Lebende durch ihr Gebet „armen Seelen" im Fegefeuer Linderung verschaffen, war und ist erklärte Lehre der katholischen Kirche. Daß umgekehrt die armen Seelen im Fegefeuer für die Lebenden beten (wenn man sie anruft), bleibt von ihr jedenfalls offiziell unwidersprochen.[91] Erbaulich und ergötzlich zugleich führt uns ein Predigtexempel aus dem beginnenden 15. Jh. die Gebetsgemeinschaft zwischen Lebenden und Toten vor Augen: Ein frommer und wohlhabender Mann weist seinen Hausmeister an, zum Frühstück die Armen, die er auftreiben könne, einzuladen. Unter denen, die sich einfinden, sind drei Unbekannte. Als nach beendigter Mahlzeit ein anwesender Priester das Gebet spricht und dabei die Worte „Die Seelen der Gläubigen ruhen in Frieden" fallen, erheben sich die drei Unbekannten und entfernen sich: ihre Speise nämlich, die Lossprechung der Seelen, hätten sie hiermit erhalten. Und verschwinden.[92] Die drei unbekannten Armen waren drei arme Seelen, die durch die Worte des gemeinsamen Tischgebets Erlösung von ihrer Pein fanden. Ein Fall übrigens von Tischgemeinschaft mit Toten, die nicht die Lebenden in den Tod (S. 22), sondern umgekehrt die Toten ins Leben (in die ewige Seligkeit) hinüberzieht (geläufiges Motiv auch in Schweizer Alpensagen).

Lebende und Tote sind nicht nur durch Gebets-, sondern auch durch *Sakramentsgemeinschaft* miteinander verbunden. In seinem ersten Korintherbrief (15, 29) erwähnt der Apostel Paulus den korinthischen Brauch der sog. „Vikariatstaufe". Lebende Christen lassen sich stellvertretend für ihre verstorbenen heidnischen Verwandten taufen und übermitteln so auch ihnen die erlösende Taufgnade. In der späteren Kirche hat sich der Ritus verloren, in Sekten aber noch lange gehalten. Bei den Mormonen wird er heute noch praktiziert, *muß* er aufgrund des Taufbefehls im „Buch Mormon"[93] praktiziert werden, damit den Verstorbenen nachträglich Gelegenheit gegeben wird, der „Kirche Jesu Christi der Heiligen der Letzten Tage" eingegliedert zu werden. Eine Art Stellvertretungsritus für Tote kannten übrigens auch die Wadschagga am Kilimandscharo: Die Beschneidung eines unbeschnitten verstorbenen Knaben muß an einem Blütenkolben der Banane „symbolisch" vollzogen werden, und zwar, ehe der jüngere (nächstälteste) lebende Bruder selber beschnitten werden darf.[94] Wird bei den bisher vorgeführten Riten für Tote die sakramentale Handlung einem menschlichen (oder pflanzlichen) *Stellvertreter* appliziert, so wird das Sakrament in andern Fällen dem *Leichnam direkt* verabfolgt. Als in nachtridentinischer Zeit vor allem im süddeutschen Raum Klöster und Stifte ihre prächtigen Barockbauten errichteten, wurden für die vielen neuen Altäre neue Reliquien benötigt. Zur Gewährleistung des Reliquiennachschubs in den Norden wurden mit päpstlicher Approbation (es handle sich um einen „alten Brauch") anonyme Gebeine aus den römischen Katakomben getauft und mit Namen ausgestattet und so zu altartauglichen „Katakombenheiligen" umgestylt.[95] Und wie der kleine Leichnam eines kurz nach der Geburt verstorbenen Kindes nachträglich doch noch getauft werden könne, weiß ein Totengräber im reformierten Bernbiet des vorigen Jahrhunderts: man müsse ungetauft gestorbene Kinder „in der Dachtraufe" möglichst nahe an der Kirche und möglichst nicht tief begraben, so würden sie „durch die Kirche selbst beschützt"; und tue man sie „ins Dachtrauf" (unter die Dachrinne), so würden sie hier noch getauft. „Wenn nämlich der Pfarrer das Taufwasser bsegne, so werde alles Wasser in und an der Kirche zu Taufwasser", auch das Regenwasser auf dem Dach, „und wenn es nun hinunterrinne und bis zu dem Kinde dringe, so werde das Kind im Boden so gut und gültig getauft als das Kind in der Kirche." Der Gewährsmann dieser „Totentaufe" ist kein anderer als Pfarrer Albert Bitzius, alias Jeremias Gotthelf.[96] Hier zeigt sich auch die Ambivalenz des Rituals, das oft bei gleicher Form Disparates beinhaltet und bezweckt. Das Begräbnis „unter dem Tropfen-Fall" gilt auch Selbstmördern und wird Anfang 18. Jh. im Mecklenburg-Schwerinschen als entehrende Bestrafung toter (S. 45 ff) Rechtsbrecher (Veruntreuer öffentlicher Gelder) ausgesprochen.[97] Die dekompositorische Kraft des feuchten Elements soll hier den Leichnam immobilisieren und rasch auflösen. Bis ins 7. Jh. hinein war bei Christen eine Abendmahlsfeier der Hinterbliebenen zusammen mit dem Verstorbenen üblich: sie fand am dritten Tag kurz vor der Beerdigung statt; dabei wurde der Leiche eine Hostie in den Mund geschoben, um sie so „direkt am heiligen Mahl kommunizieren zu lassen".[98]

Mit der Sakramentsgemeisnchaft ist die *Gottesdienstgemeinschaft* automatisch gegeben und untrennbar verknüpft. In Fortsetzung und Abwandlung der heidnisch-antiken Totenkommunion (S. 18) an den Gräbern der Verstorbenen zu bestimmten Zeiten (Totengedenktage) pflegten auch die frühen Christen an den Begräbnisstätten *(Koimeterien)* ihrer Toten Eucharistiefeiern abzuhalten. Besonders beliebt und besucht waren natürlich die entsprechenden Feiern an den Ruhestätten der Märtyrer („Heiligen"), über denen bald Gebäude errichtet wurden, worin Gottesdienst abgehalten werden konnte. Im Zuge einer zunehmenden Heiligen- und Reliquienverehrung zeichnete sich der Trend ab, *jedes* gottesdienstliche Gebäude zu einem Heiligen- und Reliquiengrab „umzumöblieren". Und so entstand die Kirche mit dem Altar über einem Heiligengrab oder mit einer Reliquie im Altar – der katholische Gottesdienstraum bis heute.[99] Die Kirche mit Heiligengrab oder Heiligenreliquie wird nun auch zum begehrtesten Begräbnisort für die Gemeindeglieder: ein Grab in der Kirche (unter dem Fußboden) oder wenigstens im Vorraum, mindestens aber dicht an der Kirche (Friedhof) verwirklicht die „Solidargemeinschaft" zwischen lebenden und toten Christen – die *communio sanctorum* (Gemeinschaft der Heiligen). Und sie läßt die Toten der Gemeinde am Gottesdienst der Lebenden in der Kirche teilnehmen.[100] Und damit den Bewohnern der Gräber auf dem Friedhof gegenüber den in der Kirche zur Ruhe Gebetteten nichts abging, hatte das Sakramentshäuschen (Wandnische zur Verwahrung der Hostie) im Kircheninnern oft ein Fensterchen nach draußen, womit der „Platzvorteil" derer in der Kirche aufgewogen war.[101]

III. Lebensgemeinschaft

Einst herrschte zwischen den Lebenden und den Toten ein lebhafter Verkehr. Sie hatten miteinander ein „Pela-Bündnis" (Kriegs- und Freundschaftsbündnis zwischen zwei Dörfern) geschlossen. Man trieb Handel miteinander. Die Lebenden besuchten die Toten im Jenseits, die Verstorbenen tanzten mit an den Festen der Lebenden. Dieser gesamte Verkehr unterlag einer doppelten Einschränkung: er muß nachts (Zeit der Toten; S. 31) stattfinden; und die Lebenden dürfen im Jenseits kein Haus betreten und Speisen von Toten nur im Freien zu sich nehmen (denn wer mit Toten unter demselben Dach ißt, verfällt ihnen; S. 42). So erzählen sich die Wemale auf den Molukken.[1] Auch auf den Trobriand-Inseln (östlich von Neuguinea) meint man, ursprünglich hätten die Toten mit den Lebenden zusammengelebt, in der Folgezeit würden sie sie noch einmal im Jahr besuchen (Totenbesuchsfest; S. 18/19).[2] Solche Mythen begründen nicht nur die enge *Lebensgemeinschaft* zwischen Lebenden und Toten, sondern auch Regeln für Zeit, Ort und Art ihres gegenseitigen Verkehrs. Davon wird in diesem Hauptabschnitt die Rede sein. Einige Formen und Aspekte dieser Lebensgemeinschaft sollen hier schon „im Vorspann" abgehandelt werden, weil wir später auf sie nicht zurückkommen.

Eine extrem „präsentische" Form der Lebensgemeinschaft realisiert der sog. *„Endokannibalismus"* (Erbkannibalismus). Indem bei einem Todesfall die Angehörigen oder Mitglieder der Gruppe den Leichnam oder Teile davon, die ihnen als besonders kraft- oder seelenhaltig (vgl. S. 22/23) gelten, verzehren oder trinken (Hirn, Herz, Leber, Knochen, Fett, Leichensekrete u. a.), „verleiben" sie sich den Toten und seine Eigenschaften „ein" und erhalten sie so der Gemeinschaft: der Tote lebt in den Lebenden weiter – Lebensgemeinschaft.[3] Es muß als höchste Liebes- und Ehrfurchtsbezeugung gewertet werden, wenn Angehörige des Fore-Volkes einer Schwester, die am Stricklandfluß in Neuguinea seit einem halben Menschenalter eine kleine Missionsstation betreibt, feierlich geloben, sie nach ihrem Tod zu verzehren: das Gehirn, um dessen Scharfsinn in ihren eigenen Köpfen weiter zu gebrauchen, das Herz, um dessen Güte in ihren eigenen Herzen fortleben zu lassen, das Auge, um dessen Weitsicht zu erwerben.[4] Neben dieser in traditionellen Gesellschaften und Gruppen fast aller Kontinente und Epochen gekannten „materialistischen" Form des Endokannibalismus (die übrigens zu der BSE-ähnlichen Kuru-Krankheit, zum sog. „Lachenden Tod", führen kann) existierte als „spirituelle" (besonders antike) Variante das Auffangen des letzten Hauches eines Sterbenden durch den Mund (Kuß) seines Kindes oder Enkels: Seine „Seele" geht ein in das Wesen eines Nachkommen, und so „lebt" der Tote in seiner Familie fort. Schließlich wird man auch das christliche Abendmahl als einen endokannibalistischen Ritus bezeichnen müssen: Brot und Wein werden durch eine Identifikationsformel („dies ist mein Leib", „dies ist mein Blut") zu Leib und Blut Christi und von den Kultteilnehmern (als das) gegessen und getrunken, wodurch der Stifter in den Gliedern seiner Gemeinde „real präsent" bleibt. Die heidnische Umgebung hat denn den frühen Christen auch „thyesteische (endokannibalistische) Mahlzeiten" angelastet.[5] Und wieder (wie so oft) meldet sich Dichtung und Fiktion zu Wort:

Cyrano de Bergerac (gest. 1655) bricht im ersten Buch seiner utopischen „Reise zu den Mondstaaten und Sonnenreichen" eine Lanze für die „Bestattungsart" des Erbkannibalismus. In den Mondstaaten gelte ein Erdbegräbnis als Strafe für Verbrecher; denn was könne es für einen Toten Abscheulicheres geben, als in der Erde von Würmern zerfressen zu werden. Deshalb sei die gewöhnliche Bestattungsart für jedermann die Kremation. Die Philosophen unter ihnen aber erführen eine andere Behandlung. Wenn einer von ihnen zum Sterben käme, stoße ihm sein bester Freund einen Dolch ins Herz, fange seinen letzten Atemzug mit einem Kusse auf, trinke sein Blut aus der Todeswunde, was ihm die andern anwesenden Freunde gleichtäten. Später würde dieser engste Kreis von Freunden sein Fleisch verzehren und sich mit (zu diesem Zweck abgestellten) jungen Mädchen paaren, „damit, wenn aus diesen Umarmungen etwas zum Leben erweckt wird, sie versichert sind, daß es ihr Freund ist, der wieder auflebt".
Die durch den Kulturkontakt mit den Weißen vernachlässigte enge Lebensgemeinschaft der Lebenden mit den Toten unterliegt besonders in Gesellschaften, wo diese Gemeinschaft traditionell besonders eng war, einer „eschatologischen Verschiebung", die den Namen *„Cargo-Kult"* erhielt. Solche Cargo-Kulte haben sich in jüngster Zeit besonders im melanesischen Raum etabliert.[6] Nach der Ideologie dieser Kulte hätten die Weißen, die man ursprünglich wegen ihrer hellen Haut für (wiederkehrende) Ahnen aus dem Jenseits (der „verkehrten Welt"; S. 18) gehalten hatte (ein verhängnisvoller Irrtum!), den (einheimischen) Ahnen all die Zivilisationsgüter (pidgin „cargo") gestohlen, die diese eigentlich für ihre Hinterbliebenen bestimmt hatten und produzieren ließen und um die man die Weißen so sehr beneidete. Aber die

Ahnen sind mächtig und würden sich diese Güter wieder zu verschaffen wissen: In Flugzeugen und Schiffen würden sie bei den Ihren eintreffen, beladen mit „cargo" (Kühlschränken, Transistorradios, Fernsehern, Kameras, Konserven, Fahrrädern, Traktoren usw.). Dann würde das Paradies anbrechen: die Farbigen würden weiß, die Weißen müßten ihnen dienen, Land würde zu Meer, Berge würden zu Ebenen, Fruchtbarkeit würde herrschen – die verlorene Lebensgemeinschaft zwischen Verstorbenen und Lebenden (vgl. die Mythologie oben S. 61) wiederhergestellt und total.

Immer wieder hat es *einzelne Personen* gegeben, die in *überdurchschnittlich* intensiver Lebensgemeinschaft mit den Toten standen und stehen. Dazu zählen von Berufs wegen die Totenpriester (etwa in Ägypten; S. 17). Dazu zählt der Schamane, zu dessen „Pflichtenheft" „der heiße Draht" zur Unterwelt und ihren Bewohnern gehört, den er als Beauftragter der Gemeinschaft und zu ihrem Wohl unterhält. Dazu zählen auch speziell „Begabte", oft Frauen, die ohne offizielle gesellschaftliche Beauftragung einen besonders engen Kontakt mit den Toten pflegen und dafür im Volk viel gälten. Der Luzerner Stadtschreiber Renward Cysat (gest. 1614) erwähnt in seiner Stadt- und Landeschronik[7] Leute, die nachts mit dem „Guottisheer" (Totenheer) weite Strecken führen, im Gegenzug nachts von ihm in ihren Häusern besucht würden, wobei sich „die lieben seelen" an Speise und Trank gütlich täten (ohne daß diese sich im geringsten verminderten). Solche Menschen würden von ihrer Umgebung „schier alls heilig" eingeschätzt.

Nach diesem „Vorspann" wenden wir uns endlich den Arten, Orten und Zeiten der Lebensgemeinschaft zwischen Lebenden und Toten zu.

A. Hausgemeinschaft

Von Karl dem Großen geht die Sage, daß er den Leichnam seiner Gemahlin (oder einer besonders geliebten Frau), von der er sich nicht trennen konnte, ständig bei sich behielt „und achtzehn Jahr lang mit sich herumführte, wohin er sich auch begab".[8] Auch Johanna die Wahnsinnige, und hier verlassen wir das Gebiet der Sage, führte den einbalsamierten Leichnam Philipps des Schönen eine Zeitlang mit sich, ließ immer wieder den Sarg öffnen, um den Leichnam zu küssen. Und in Tordesillas, wo sie schließlich interniert wurde, blickten die Fenster ihrer Wohnung „gerade auf das Grab ihres Gemahls".[9] Und im Jahre 1987 lief eine Meldung durch die Presse, daß in London eine Frau ihren verstorbenen Mann drei Jahre lang, auf einen Lehnstuhl plaziert, in ihrer Wohnung behalten habe, bevor die Sache zufällig entdeckt wurde.[10] In vielen traditionellen Gesellschaften (Neuguinea, Australien, Amerika) schleppen die Angehörigen die Leichname ihrer Verstorbenen oder Teile davon (wie Schädel) oder die Asche des Leichenbrandes oder Bündel, die die Toten repräsentieren, mit sich; beim Tanz und auf dem Markt sind sie mit von der Partie.[11] Dieses *„Festhalten"* der Toten hat (seit dem Mittelpaläolithikum) zur Hausgemeinschaft zwischen Lebenden und Toten geführt: Lebende und Tote bewohnen gemeinsam dieselben Räumlichkeiten (Wohngemeinschaft), oder die Toten werden im Wohnraum der Lebenden (oder möglichst nahe dabei) begraben (Hausbestattung).[12]

a. Wohngemeinschaft

Zusammenhausen von Lebenden und Toten ist heute noch bei bestimmten Gruppen unter den Eingeborenen

Neuguineas beobachtet worden.[13] Beim Fore-Volk verbleiben die Toten in den dunklen Hütten in ständigem Kontakt mit den Lebenden, die sich ihre Leiber zum Zeichen der Verbundenheit mit den Sekreten der Leichen einschmieren. Ebenso bewahren die Biami, Volksgruppe von ungefähr 5000 Seelen, die Überreste ihrer Ahnen „samt und sonders" in ihren Langhäusern auf; ihre Schädel und Skelette zählen zum kostbarsten Besitztum der Hinterbliebenen. Und wer einem „Stillen" (einem skelettierten verstorbenen Familienmitglied) vorgestellt wird, um einige Worte an ihn zu richten, darf es sich zur großen Ehre anrechnen. Dabei wird „der Stille" von den Angehörigen rührend umsorgt und „mit liebenden Händen" in die richtige Position gebracht, damit er den weißen Gast richtig betrachten kann. Ähnliches soll bei „südamerikanischen Zwergmenschen" an der Nordgrenze von Kolumbien und Venezuela gegolten haben. „Bis vor kurzem" (meint hier etwa die Jahrhundertwende) hing man auf Tongarewa (Polynesien) die in Matten eingewickelten Toten in den Häusern auf, um sie so ständig bei sich zu haben.[14]

Das Bedürfnis, bei einem Todesfall den Verstorbenen möglichst lange im Hause bei sich zu behalten, führt noch in neuester Zeit zu Konflikten mit Kirche und Behörden. In Scheid (Gemeinde nahe Feldis im Kanton Graubünden), so berichtete ein Gewährsmann dem Verfasser in den Jahren 1968 und 1969, seien die Leute nicht zu bewegen, eine Beerdigung rechtzeitig beim Pfarrer anzumelden; der Tote bleibt bis sechs Tage nach dem Tod im Zimmer. In Feldis kam es vor, daß die Angehörigen den Leichnam nicht herausgeben wollten: „unter sieben Tagen" dürfe nicht beerdigt werden; und schon gar nicht, bevor alle Blutsverwandten in der Stube versammelt sind, auch wenn sie in andern Erdteilen leben. Pfarrer und Bezirksarzt mußten eingreifen; und das Sanitätsdepartement erinnerte in einem Rundschreiben an die Gemeindepräsidenten (mit Kopie an den Bündner Kirchenrat) daran, daß innerhalb der gesetzlichen Frist von drei Tagen zu beerdigen sei. Auch wo die Wohngemeinschaft aufgegeben ist und die Grabstätte außerhalb des Hauses liegt, dauert die *Präsenz* des Toten im *Wohnraum* der Lebenden fort. Hinterbliebene geben an, ihre Gegenwart im Haus „immerfort" zu „spüren". Oft wird sie durch ein Kleidungsstück signalisiert, das der Verstorbene zu Lebzeiten getragen hat. Die Schauspielerin Inge Meysel in einem Interview über ihren verstorbenen Mann: „An der Garderobe hängt noch seine Mütze. Die Möbel stehen so, wie er sie hingestellt hat. Und in der Küche, an unserem Frühstückstisch, stehen zwei Gedecke."[15]

Eine Art „Zwischenlösung" zwischen Wohngemeinschaft und Hausbestattung bringen die sog. „Totenkeller" der Howas auf Madagaskar.[16] Die es vermögen, leben mit den Toten ihrer Familie im selben Haus, aber „auf getrennten Ebenen". Die Toten ruhen im Keller auf Steinbänken. Eine Falltür verbindet den Wohnraum der verstorbenen Familienmitglieder, der auch als Verwahrungsort für Wertsachen fungiert, mit dem Wohnraum der lebenden Familienmitglieder darüber. Der Ausschluß vom Familiengrab im Totenkeller „gilt als strengste Strafe"; und zum Tode verurteilte Verbrecher sollen die Bestrafung an Leib und Leben für gering achten, wenn – gnadenweise – ihr Leichnam nach der Urteilsvollstreckung den Angehörigen zur Beisetzung im Totenkeller freigegeben wird.

b. *Hausbestattung*

Seit dem Mittelpaläolithikum bestatteten die Lebenden ihre Toten im engsten Wohnbereich: in flachen Gruben in den Wohnhöhlen, oft beim Speiseplatz, also am *Herd*, dem Zentrum gemeinschaftlichen Lebens. Bestattung im Fußboden der Wohnhütte, unter der Feuerstelle ist auch aus der Jetztzeit bei naturvolklichen Gemeinschaften (besonders in Afrika) bekannt; als Variante kommt noch Bestattung des Verstorbenen unterm Bett der Witwe hinzu (bei den Golfstämmen Nordamerikas).[17] Aber auch im neolithischen Ägypten und im alten Mesopotamien sind Hausbegräbnisse nachweisbar. Das Alte Testament berichtet von Hausbestattungen; die eine steht im Zusammenhang mit dem Tod des Propheten, Priesters und Richters Israels Samuel: Als er starb, versammelte sich ganz Israel „und hielt um ihn die Totenklage, und man begrub ihn in seinem Hause zu Rama" (1 Sam 25, 1). Und Muhammed liegt (heute noch) unter dem Gemach (Hütte) seiner Lieblingsfrau Aischa begraben.[18] Auch im klassischen Griechenland hat „sich die Erinnerung an eine älteste Zeit erhalten, in welcher der Todte im Inneren seines Hauses ... beigesetzt wurde"; auch Bestattung des Verstorbenen (wenigstens) an der *Haustür* oder seiner Asche beim Herd sind literarisch bezeugt.[19] Im alten Rom verbot das Zwölftafelgesetz um 450 v.Chr. kurz und bündig: „Einen toten Menschen soll man innerhalb der Stadt nicht begraben noch brandbestatten."[20] Das Verbot traf den von Servius (4.Jh.) in seinem Aeneis-Kommentar erwähnten einstigen Brauch der Römer, „alle in ihren eigenen Häusern" zu begraben.[21]

Als Hrapp, ein gewalttätiger und herrschsüchtiger Bauer, sein Ende nahe fühlte, so lesen wir in der altisländischen Saga von den Leuten im Lachswassertal, gab er folgende Anweisung (die man auch befolgte), wie er bestattet sein wolle: „Wenn ich meinen letzten Atemzug getan habe, will ich, daß man mir ein Grab in der Tür zur Wohnküche grabe und mich dort in der Tür aufrecht stehend beisetze, damit ich so mein Hauswesen besser überschauen kann."[22] Im europäischen Brauchtum spielt die *Hausschwelle* als „Seelensitz" eine bedeutende Rolle. Folkloristische Kontinuität eines alten Bestattungsortes? Noch immer wird die Braut vom Bräutigam über die Schwelle getragen: Als Sippen*fremde* betritt sie das Haus (die Wohnung) ihres Ehepartners und hat beim Eintritt die Ahnen seiner Familie zu fürchten; ist sie einmal drin und in die neue Sippe aufgenommen, darf sie unbeschadet ein- und ausgehen.

Der Langobardenkönig Alboin soll seine Frau gezwungen haben, aus einer Schale Wein zu trinken, die er aus dem Schädel ihres Vaters (seines einstigen Feindes) verfertigt hatte. Daraufhin sinnt sie auf Rache und läßt ihren Gemahl umbringen. Er wurde „unter den Aufstieg einer Treppe, nah beim königlichen Schloß" bestattet[23], wohl unter die *Treppe* zum Palast. Prinz Heinrich von Preußen hat 1802 angeordnet, „ihn mit dem Gesicht gegen sein Schloß zu legen, damit er zu sehen vermöge, was dort vor sich gehe".[24] Dieser letzte Wunsch ist nicht in Erfüllung gegangen; sein Grab (im Schloßpark) wird von dichtem Heckenwerk nach französischem Geschmack so umstellt, daß er die Südflanke seines Rheinsberger Schlosses unmöglich zu erblicken vermag.

Hier ist also zu beobachten, wie sich der Wohnbereich der Toten räumlich immer weiter vom Wohnbereich der Lebenden entfernt, ohne daß darum die Lebensgemeinschaft zwischen beiden aufgegeben worden wäre. In Notzeiten aber rücken sie wieder näher zusammen – bis sie „kongruieren"! Das wurde realisiert durch die sog. *„Kir-*

chenburgen" (Wehrkirchen, Wehrfriedhöfe): mit Mauern befestigte Kirchenareale (wozu seit dem Mittelalter natürlich die Friedhöfe gehören; vgl. S. 60), wohin sich in Feindesnöten die Bewohner bedrohter Ortschaften flüchten und wo sie sich notfalls verteidigen und dabei auch auf den Schutz der Toten (S. 97ff) rechnen konnten.[25] Solche Anlagen fanden und finden sich im schweizerischen und deutschen Raum etwa in Muttenz und Weiach, in Ostheim und Kinding und besonders gehäuft in Siebenbürgen. Die wohl bemerkenswerteste Kirchenfestung im mitteldeutschen Gebiet ist in Ostheim vor der Rhön (im ehemals Hennebergischen) zu bestaunen. Kirche und Friedhof, die Lebenden und die Toten in Notzeiten, umschließt eine doppelte Ringmauer mit 5 (ehemals 6) Wehrtürmen und 6 (ehemals 7) Bastionen, Wehrgängen und Festungsgräben (der äußere heute eingeebnet). Der Kirchhof als eigentliche Fliehburg für die Bevölkerung enthält 72 „Gaden" (Speicher, Kellerräume), die sich entweder an die Mauer anlehnen oder frei im Friedhofsgelände angeordnet sind und den einzelnen Häusern Ostheims gehörten. Sie dienen noch heute als Vorratskeller.[26] Die christliche communio sanctorum (S. 60) hat so im Mittelalter die Hausgemeinschaft zwischen Lebenden und Toten als temporäre Notgemeinschaft wieder aufleben lassen.

B. Grabgemeinschaft

Führt die Lebensgemeinschaft zwischen Lebenden und Toten dazu, daß die Toten das Leben der Lebenden teilen (Hausgemeinschaft), so umgekehrt auch dazu, daß die Lebenden den Tod der Toten teilen (Grabgemeinschaft), besonders da, wo beider Wohnbereiche, Haus und Grab auseinandertreten (vgl. S. 69). In diesem Fall ergreifen entweder die Toten die Initiative („Nachholen") oder die Lebenden (Totenfolge).

a. Nachholen

Im italienischen Dorf Sant'Andrea in der Nähe von Potenza „liegt ein Friedhof seit 20 Jahren brach". Was ist der Grund, daß die Bewohner von Sant'Andrea ihren neu angelegten Gottesacker verschmähen und darauf bestehen, im acht Kilometer entfernten Friedhof des Nachbardorfes zu bestatten, obwohl dessen Kapazitäten nahezu erschöpft sind? Der Grund ist die Überzeugung, daß der erste auf einem Friedhof begrabene Tote sich langweilt und nach Gesellschaft anderer Toter sucht. Und die sucht er im Kreis der lebenden Verwandten und Freunde. In einem hinreichend „bewohnten" Friedhof darf ein Toter auf Gesellschaft bereits verstorbener Angehöriger und Nahestehender hoffen; sein Bedürfnis, Lebende in sein Totendasein hineinzuziehen, wird vergleichsweise gering sein. „Der Friedhof ohne Leiche" (so der Titel der Pressenotiz[27]) darf als Abwehrmaßnahme der Bewohner gegen das *„Nachholen"* gewertet werden. Denn überall da, wo an das Nachholen geglaubt wird, hält man vor allem die hinterbliebene Familie des Toten (Ehegatten, Kinder, Enkel) für gefährdet (vgl. S. 50) und trifft Abwehrmaßnahmen: Schicksalsgemeinschaft mit dem Toten in dieser Form ist offensichtlich unerwünscht. Bei den Annamiten ließen sich die Hinterbliebenen von einem Priester gegen Entrichtung einer (nicht geringen) Gebühr „Schutztafeln" ausstellen: „notariell beglaubigte Urkunden", in denen der Tote formell auf das Nachholen der Lebenden verzichtet. Zu diesem Zweck hatte der Priester vorher den Toten durch Beschwörungen zu sich zitiert und ihm die Zusicherung abgepreßt, seine Familie nicht zu belästigen. Zur Bekräftigung drückte der Tote seine Hände auf die Tafel, und der Priester bestätigte durch seine Unterschrift die Echtheit des Vertrages mit dem Toten. Dieser „Brauch" soll sich „bis in die jüngste Zeit" gehalten haben.[28] Ebenfalls in Südostasien bindet man Kinder an, wenn ein Leichenzug passiert: sie sind in der Welt der Lebenden noch nicht so fest eingewurzelt wie die Erwachsenen und deshalb leichter nachzuholen. Oder man befestigt bei einem Begräbnis hölzerne Haken am Gürtel, wohl damit die Seele sich daran halten kann und nicht dem Verstorbenen nachfolgt.[29]

Wo Lebende dem Nachholen nicht mit Abwehrstrategien begegnen oder dieses bewußt „provozieren", spricht man besser von *„Nachsterben"*. Das ist der Fall, wo Hinterbliebene die Schicksalsgemeinschaft mit einem geliebten Toten, von dem sie nicht getrennt sein können, selber ersehnen. Man denke etwa an den „Liebestod" Sigruns, die Helgi nachstirbt (S. 28/29). Man denke auch an das bekannte Phänomen, daß Ehepartner einander in kurzen Abständen nachsterben, weil der überlebende Teil ohne den anderen seinen Lebenswillen verloren hat. Wird der Tod Überlebender (von der Gemeinschaft) aktiv und in ritualisiertem Rahmen arrangiert und herbeigeführt, dann handelt sich's um *Totenfolge.*[30]

b. Totenfolge

Der griechische Historiker Herodot beschreibt in seinen „Historien", wie die Skythen ihre Könige bestatteten.[31] Die Skythen waren ein iranisches Reitervolk; der Aktionsradius ihrer Streifzüge reichte von Sibirien bis nach dem heutigen Brandenburg. Die Gräber ihrer Herrscher lagen – so Herodot – am südlichen Rand ihres Machtbereichs. Starb bei ihnen ein Herrscher, so wurde sein konservierter Leichnam auf einem Wagen bis dorthin gefahren. Wo der königliche Leichnam durchfuhr, gaben ihm die Anwohner das Geleit. Dabei schnitten sie sich Stücke ihrer Ohren ab, schoren sich das Haar, machten sich Einschnitte rund um die Oberarme, ritzten sich Stirn und Nase auf und stießen sich Pfeile durch die linke Hand. An der Grabstätte angekommen, betteten sie den König im Grab auf ein Lager, erdrosselten eine seiner Nebenfrauen *(pallakaí)*, töteten den Weinschenken, Koch, Stallvorsteher, Leibdiener, Nachrichtenüberbringer, Pferde, anderes Vieh, legten Goldschalen dazu und errichteten über allem einen hohen Grabhügel. Ein Jahr darauf erwürgten sie fünfzig seiner übrigen Diener (alles freie Skythen) und ebenso viele Pferde, spießten die Pferde auf Gestelle und die Männer als Reiter auf die Pferde und plazierten sie als „Schildwache" um das Königsgrab. Die Beschreibung Herodots kann heute durch die Archäologie weitgehend bestätigt werden. Beim Tode des Inka wurden wahre Todesorgien verzeichnet: Die Frauen „erdrosselten sich mit ihren eigenen Haaren oder stürzten sich von Felsen hinab, um sich sterbend mit ihrem Herrn zu vereinen"; ähnliches wird von den Leibdienern berichtet. Tot oder lebend, war ihnen bestimmt, „in die letzte Ruhestätte ihres Herrn eingeschlossen zu werden".[32] In Dahomey waren noch im 19. Jh. „Massenschlachtungen von Sklaven beim Tod eines Königs gang und gäbe". Man schätzt die Zahl der Menschen (Männer, Frauen), die beim Tod König Ghezos 1858 rituell (durch Gift, Felssturz ins Meer) mitgetötet wurden, auf rund dreitausend.[33] Die Sitte, dem Fürsten sein *Gefolge* (Hofstaat: Frauen, Leibwache, Diener) ins Grab nachfolgen zu lassen (Ur, Kisch), scheint im alten Mesopotamien hingegen bereits nach der Mitte des 3. Jts. v. Chr. aufgegeben worden zu sein.

Daß dem Toten seine *Frau,* Frauen oder eine Frau ins Grab mitgegeben werden, ist eben (S. 73) und in anderen Zusammenhängen (S. 25ff u. 34f) schon „Gegenstand" unserer Darstellung gewesen.[34] In regelmäßigen Abständen und aus gegebenen Anlässen sorgen unsere Medien für eine gewisse Publizität der in Indien immer noch praktizierten, obwohl verbotenen, Witwenverbrennung.[35] Seit der Zeit Alexanders des Großen für Nordindien bezeugt, vorher offenbar nur symbolisch veranstaltet (die Witwe verläßt den gemeinsamen Scheiterhaufen vor dem Anzünden), besitzt der Brauch der *„Suttee"* (der „wahren" oder „guten" oder „treuen" Gattin) auch heute in Indien hohes Ansehen. Die Witwen haben oft nur die Wahl zwischen Flammentod mit dem toten Ehemann oder einem elenden Quasisklavinnenstatus in der Sippe ihres verstorbenen Mannes. Hier hält man sie, die ihre Gattinnenpflicht (Totenfolge) nicht erfüllt hat, für eine überzählige Mitesserin. Sie darf sich nicht wiederverheiraten (vgl. S. 43f), nicht einmal schmücken, ihr Anblick gilt als ungünstiges Vorzeichen, oft muß sie ihren Lebensunterhalt durch Prostitution bestreiten oder wird sonst sexuell ausgebeutet. Totenfolge des *Mannes* (Witwers) „in mutterrechtlichen Kulturen" wird zwar behauptet, aber nicht belegt[36] – es sei denn, man wolle Anklänge an eine solche „umgekehrte Totenfolge" im Grimmschen Märchen von der schönen Königstochter sehen, die „das Gelübde getan, keinen zum Herrn und Gemahl zu nehmen, der nicht verspräche, wenn sie zuerst stürbe, sich lebendig mit ihr begraben zu lassen".[37] Mehrfacher literarischer Bezeugung kann sich jedoch die Totenfolge unter *Freunden* (Schwurbrüdern) erfreuen. Hierzu bietet der dänische Kleriker Saxo, genannt „Grammaticus" (gest. 1216), in seiner „Geschichte der Dänen" ein „erschröckliches" Exempel.[38] Es berichtet von zwei skandinavischen Königssöhnen, die zur Bestätigung ihrer Freundschaft „mit allen Gelübden" beschworen, „daß derjenige von ihnen, welcher länger am Leben bliebe, mit dem Verstorbenen sich begraben lassen werde". Den einen von ihnen, Aswit, raffte eine Krankheit dahin; er ward mit seinem Hund und Roß in einer Erdhöhle begraben. Der andere, Asmund, ließ sich, eingedenk ihres Freundschaftsbundes und mit Speise und Trank eingedeckt, mit ihm (lebendig) bestatten. Der tote Aswit begann nach einiger Zeit, sich über das Roß, nachher über den Hund herzumachen. Als er die verzehrt hatte, fiel er seinen lebenden Freund an, begann, ihm Wange und Ohr zu zerfleischen. Marodierendes Militär, das den Grabhügel aufbrach, um ihn zu plündern, befreite Asmund rechtzeitig aus seiner verzweifelten Lage. Eine spätere Saga aus dem 14. Jh. gibt das Bündnis zwischen den beiden so wieder: Wer von beiden länger lebe, sollte einen Grabhügel über dem anderen aufwerfen lassen, darin so viele Beigaben, wie schicklich; dann solle der Überlebende beim Toten drei Nächte im Hügel sitzen, dann sich entfernen, wenn er wollte.[39] Wir sehen hier, wie sich die tatsächliche Totenfolge zur Symbolhandlung gewandelt hat.

c. *Symbolische Formen*

Grabgemeinschaft (Totenfolge) wird in vielfältiger Weise, statt *real* vollzogen, durch *symbolische* Formen „ersetzt" oder besser: verwirklicht und ausgedrückt (denn Symbole „ersetzen" ja keine Wirklichkeit, sondern er-schaffen sie gerade und geben ihr Ausdruck). Symbolische Formen des Mitsterbens ermöglichen den Hinterbliebenen Totenfolge ohne Todesfolge (sog. „Ablösungsriten") oder Partizipation am Todeszustand, ohne ihn mit dem Toten ganz zu teilen (sog. „Solidaritätsriten"). Die beiden Formen (Ablösungs- und Solidaritätsriten) sind oft kaum und nicht klar voneinander zu scheiden. Im übrigen sind rituelle Abwehrstrategien gegen das Nachholen (S. 71ff), Ablösungs- und Solidaritätsriten integrierender Bestandteil des Begräbniszeremoniells, von dem noch gesondert die Rede sein muß (S. 131ff).

Eine symbolische *„Ablösung"* der Totenfolge bietet die spätere literarische Variante des Freundschaftsbündnisses zwischen Aswit und Asmund (oben): der überlebende Freund verbringt drei Nächte im Grabhügel mit dem Toten; dann ist er frei, zu gehen, wenn es ihm beliebt. Drei Nächte dauert auch das Gastrecht unter Lebenden, selbst ein Feind ist in dieser Zeit bei seinem Gastgeber sicher. In dieser Zeit ist auch der Lebende als Gast des Toten sicher. Er weilt mit ihm unter demselben Dach, doch verfällt er ihm nicht, weil das Gastrecht diese Regel (vgl. S. 30) bricht. *Temporärer Aufenthalt im Grab* beim Verstorbenen bildet auch die Kulisse eines antiken Schwanks mit dem Titel „Die Witwe von Ephesus": Eine tugendsame Gattin kann sich vom verstorbenen Gemahl nicht trennen und folgt dem Dahingeschiedenen in die Katakombe, beklagt den Toten Tag und Nacht, sich mit Nägeln das Gesicht blutig kratzend, die aufgelösten Haare raufend und über den Leichnam breitend. Fünf Tage weilt sie so schon ohne Nahrung. Ein Soldat, der in der Nähe die Leichname gekreuzigter Verbrecher zu bewachen hat (damit sie nicht von ihren Angehörigen herabgenommen und ordentlich bestattet würden), vernimmt ihr Wehklagen, tröstet sie, überredet sie zum Essen. Seine Tröstungen erstrecken sich bald nicht nur auf die „orale Zone". Und während sich das Grab so zum Liebesnest wandelt, stehlen Angehörige einen der unbewachten Gekreuzigten. Der erschrockene Soldat bangt um den Kopf, da er seinen Bewachungsauftrag vernachlässigt hat. Die getröstete Witwe weiß Rat; sie läßt den Leichnam ihres Mannes ans verwaiste Kreuz hängen, und so bleibt den Behörden der Diebstahl verborgen – und ihr der Geliebte erhalten.[40] Franz Werfels Roman „Barbara oder die Frömmigkeit" referiert über das militärische Zeremoniell beim Leichenbegängnis für höhere Chargen im k. u. k. Heer vor dem Ersten Weltkrieg: Eine „Generalsleich" unterscheidet sich von einer „rangniedrigeren Leich" unter anderem dadurch, daß dem Feldherrensarg das Leib- und Schlachtroß des Toten voran-, ein Ritter in schwarzer Rüstung hinterherschreitet.[41] Die schwarze Gestalt ist der sog. *„Trauerritter"*, der in Deutschland bis ins 19. Jh. in schwarzem Harnisch und geschlossenem Visier auf schwarzem Pferde am Trauerzug von Fürstlichkeiten oder höheren Offizieren teilnahm, dem Landesherrn bis zur Gruft folgte (in Hessen). Dabei kam es vor, daß der schwarze Ritter sich (und sein Roß) bei diesem Anlaß dem Dienst der Kirche gelobte (beim Begräbnis Karls IV. in Prag) oder daß die Pferde von Edelleuten nach der Bestattung ihrer Reiter geschlachtet wurden. Auch glaubte man, daß der Trauerritter seinem Herrn binnen Jahresfrist nachsterben würde.[42] Es ist wahrscheinlich, daß der schwarze Ritter die Totenfolge des Hofstaates, des herrschaftlichen oder feldherrlichen Gefolges (inklusive Marstall) symbolisch realisiert und dramatisch ausagiert. Neben einer dramatischen Inszenierung der symbolischen Totenfolge von Hofstaat und Gefolgschaft mit lebendem Personal kennt das Totenbrauchtum auch die bildhaft-magische Darstellung durch *Stellvertreterfiguren* (vgl. die ägyptischen „Beischläferinnen" S. 25). Hier wäre etwa das 1971 freigelegte Grab der Frau des Kanzlers eines Prinzen von

Changsha (China, Provinz Hunan) aus der Frühzeit der Westlichen Han-Dynastie zu nennen: Es enthält neben der 2100jährigen gut erhaltenen Leiche der Dame ein (auf 312 Schrifttäfelchen verzeichnetes) reiches Bestattungsinventar, darunter bemalte Holzfiguren („mit Haartracht und Seidengewand"), „die stellvertretend für lebende Menschen der Toten das letzte Geleit gaben".[43] Oder die 1974 in der Nähe von Lintong (China, Provinz Shaanxi) entdeckte unterirdische Armee zur Bewachung der Grabanlage des Kaisers Qin Shihuang Di (gestorben 210 v. Chr.): über 7000 lebensgroße und lebensnahe Tonfiguren von knienden Bogenschützen, Kriegern mit und ohne Rüstung, Kavalleristen, Offizieren, Gespannpferden, gesattelten Schlachtrossen, Streitwagen (wovon erst ein kleiner Teil freigelegt). Für den Kaiser „waren die Tonplastiken Träger all jener Kräfte, über die er zu Lebzeiten verfügt hatte. Namentlich in ihrer überaus realistischen Ausprägung konnten diese Ab-Bilder seiner Krieger auf magische Weise einen Menschen evozieren und so selbst Leben erhalten, und dies auf viel unvergänglichere Weise als etwa ein getötetes Opfer." Die Krieger sind mit echten Waffen (keinen plastischen Nachbildungen) aus Bronze, Holz und anderen Materialien equipiert: Bögen, Pfeilen, Armbrüsten, Schwertern, Streitäxten, Lanzen und Speeren mit Bronzespitzen.[44] Auch die Mitgabe eines *„Leibzeichens"* (etwa Haare) oder *Kontaktgegenstandes* (etwa Schuhe) symbolisiert die Totenfolge. Haare gelten (durch ihr ständiges Wachstum) als Sitz des Lebens und der Seele („Haarseele", „Zopfseele").[45] Ihre Hingabe an einen Toten (vgl. oben die „Witwe von Ephesus") meint Lebenshingabe, Totenfolge.[46] Dasselbe meint Hingabe von getragenen Schuhen durch den Träger: Der Schuh vertritt die Person, die ihn anhat. Wenn bei Rechtsgeschäften ein Kontrahent dem andern seinen

Schuh überläßt, dann bürgt er dadurch höchstpersönlich für die Einhaltung des Vertrags (vgl. Ruth 4, 7). Die Mitgabe von getragenen Schuhen als Symbol für die Totenfolge ihrer lebenden Eigentümer ist zu unterscheiden von Beigaben guten Schuhwerks, um die frierenden Toten zu wärmen und ihnen die weite Reise ins Jenseits zu erleichtern, auch von der Ausstaffierung verstorbener Wöchnerinnen mit soliden Schuhen, die es ihnen ermöglichen soll, nachts aus ihren Gräbern aufzustehn und im verwaisten Haus ihr durstiges Baby zu stillen.[47] Die symbolische Ablösung der Totenfolge hat auf Grabinschriften *rhetorischen Ausdruck* gefunden. „Für wen erhalte ich mein Leben, daß ich dir nicht in den Tod folge? Nein, du Schlimmer, Hand in Hand möchte ich bei dir sein, und wie sehne ich mich, wenigstens im Grab mit dir vereint zu bleiben!" So gibt eine römische Grabinschrift des 3. Jh. s dem Schmerz der zurückgebliebenen Gattin Ausdruck.[48] Bei Leichenverbrennung schließlich besteht eine symbolische Form der Totenfolge darin, daß die Witwe neben dem toten Gatten auf dem Scheiterhaufen zu liegen hat, aber vor dem Anzünden formell aufgefordert wird, sich wieder zu erheben „zur Welt der Lebenden" (im ältesten Indien *vor* dem Aufkommen des Brauchs der „Suttee"; S. 74); oder darin, daß sie auf dem Holzstoß so lange neben dem Toten verharren muß, bis der Brand sie tüchtig „geschmäucht" hat, und dann herabsteigen darf (bei den Takulli-Indianern in Kanada).[49] Bei dieser Gelegenheit ist klarzustellen, daß symbolische Formen der Totenfolge (Ablösungs-, Solidaritätsriten) nicht *notwendigerweise* in einem zeitlichen, „entwicklungsgeschichtlichen" Verhältnis zum Brauchtum realer Totenfolge stehen, etwa dergestalt, daß in einer bestimmten Kultur die wirkliche Totenfolge im Zuge einer „Höherentwicklung" durch symbolische Formen abgelöst worden wäre. Die „Entwicklung" kann ja, wie das Beispiel Indiens zeigt, auch gerade umgekehrt verlaufen (von der symbolischen Ablösung zur Witwenverbrennung); und vor der symbolischen Ablösung braucht nicht als „primitive Vorstufe" ein wirkliches Tötungsritual gestanden haben. Die Relation zwischen Symbol und dem, was es symbolisiert, ist nicht wesenhaft zeitlich, sondern geistig.

Statt Totenfolge temporär verkürzt abzuleisten, dramatisch aufzuführen, bildhaft-magisch auszudrücken oder rhetorisch zu deklamieren (Ablösungsriten), können die Hinterbliebenen auch am *Totendasein* eines Toten symbolisch *partizipieren.* Das geschieht durch *Solidaritätsriten,* die die Lebenden einen „homöopathischen" Tod erleiden lassen (durch rituelle Verletzungen) oder für eine bestimmte Zeit rituell dem Toten „verähnlichen" (durch Trauerhabitus und -gestus). Der wirklichen Totenfolge am nächsten kommen Veranstaltungen, bei denen an den Trauerfeierlichkeiten oder am Grab Kämpfe (auf Tod und Leben) stattfinden. Die Römer haben diese Sitte 264 v.Chr. von den Etruskern übernommen (in der etruskischen Tomba degli Auguri in Tarquinia „schmückt" eine solche Kampfszene die vordere Partie der rechten Grabwand). Diese Kämpfe haben sich später aus ihrem ursprünglichen Zusammenhang mit dem Totenkult gelöst: Aus ihnen „entwickelten" sich die Gladiatorenspiele der Kaiserzeit.[50] (Und wer heute in der Arena di Verona in einer lauen Sommernacht Ohr und Auge an „Aida" berauscht, sollte nicht vergessen, daß im selben Rund einst Menschen sich vor einem schau- und blutlüsternen Publikum gegenseitig abschlachten mußten.) Bei den Indianern des Nordwestens (Washington D.C., British Columbia) wurde, wenn ein Häuptling starb, oft eigens ein Krieg vom Zaun gebrochen, „damit die im Kampf Gefallenen den Häuptling ins Jenseits begleiten konnten". Oder, wie andere als Begründung angaben: „... damit nicht nur die Familie des verstorbenen Häuptlings Trauer empfinde, sondern auch andere Familien, aus denen ein oder mehrere Mitglieder im Kampf gefallen waren."[51] Heftige Scheinkämpfe bildeten den Höhepunkt der Trauerfeierlichkeiten bei den Tuamotu-Insulanern (Südsee); diese Scheingemetzel endigten nicht selten mit schweren Verletzungen.[52] Die Kraftentfaltung bei den Kämpfen und das dabei fließende Blut vitalisiert den Toten (vgl. S. 23), im gleichen Zug schwächt der Blutverlust das Vitalitätspotential der Lebenden und gleicht sie so dem Toten an. Schnitte an Armen, Brust und Oberschenkeln (vgl. Lev 19, 28), Ritzen und Zerkratzen von Stirn und Nase, bis reichlich Blut fließt, Durchstechen der Hand (S. 76 u. 73), Abhacken der Fingerglieder, Besäufnis bis zur Bewußtlosigkeit (S. 26) und Trauerfasten[53] – das alles sind Äußerungen von Solidarität mit dem betrauerten Verstorbenen. Sie induzieren rituell „kleine Tode" (im besten Fall) ohne Todesfolgen. Führen rituelle Verletzungen auch zu einer Art *„physiologischer"* Solidarität („solidarité physiologique") mit dem Toten, wenngleich „homöopathisch verdünnt", so Formen des Trauerhabitus und der Trauergebärde „nur" zu einer Art *„mimetischer"* Solidarität, welche (zeitlich limitiert) Teilhabe am physiologischen Zustand des Toten markiert und signalisiert. So „mimt" etwa Verhüllung, Verschleierung, Verlarvung (Kapuzenmantel als Trauertracht, Verhüllen des Hauptes als Trauergestus) den Toten als „Verhüllten" und „Verlarvten", der sich als Geist den Blicken der Lebenden entzieht. So mimt Entblößung, Teilentblößung, Barfüßigkeit (vollständiger oder teilweiser Kleiderverzicht oder Zerreißen der Kleidung als Trauerhabitus und -gebärde) den (oft auch nackt bestatteten) Toten, der im Begriff steht, „seine leiblichen Hüllen abzulegen".

So mimt Wälzen im Staub, Sitzen auf der Erde, Bestreuen mit Asche, schwarze Trauerkleidung, Hygieneverbot (Vernachlässigung des Äußeren, Wachsenlassen der Haare, Lumpenkleid) den Toten als Angehörigen des chthonischen Elements, der Erde, und seinen physiologischen Verfallszustand.[54] Daß Hygieneverbot auch den Zweck haben kann, sich den Toten zu verekeln, damit er die Witwe in Ruhe läßt, wurde schon erwähnt (S. 27). Schweigen in der Nähe eines Toten schließlich mimt den Toten als „Stillen" (S. 66 u. 30). Das steht nicht im Widerspruch dazu, daß es in der Gegenwart des Toten auch sehr laut zugeht: z.B. bei der „fröhlichen Totenwache" (S. 22). Beides hat im Bestattungszeremoniell seinen geregelten Ort und seine geregelte Zeit: diese ist ein rekreativer Ritus und dient der Vitalitätszufuhr für den Toten, jenes ist ein Solidaritätsritus zur Devitalisierung der Lebenden und Partizipation am Zustand des Toten. Mit all dem bisher Gesagten ist die Bedeutung dieser Riten längst nicht erschöpft: Riten sind immer vieldeutig. Daß biblische Wendungen (mit teilweise heute noch sprichwörtlicher Kraft) wie „sein Angesicht verhüllen", „barfuß und bloß einhergehen", „sein Gewand zerreißen", „sich in Sack und Asche hüllen", „im Staub wälzen", „Asche aufs Haupt streuen" (2 Sam 19, 5; Mi 1, 8.10; Hi 1, 20f; Est 4, 1; 1 Makk 3, 47), daß die heutige Sitte, bei Trauer Schwarz zu tragen, auf Solidaritätsriten hinweisen, dürfte indessen hinreichend klar sein.

C. Kommunikationsstätten und -zeiten

Wo die Hausgemeinschaft zwischen Lebenden und Toten aufgegeben ist, Wohnort der Lebenden und Wohnort der Toten räumlich auseinanderliegen, bilden sich spezifische Formen gegenseitigen Umgangs. Sie wurden im voraufgehenden Hauptabschnitt bei der Gewinnung eines Persönlichkeitsbildes der toten Interaktionspartner teilweise schon abgehandelt. Hier interessieren zwei Dinge: *Grabstätten* als herausgehobene *Orte* und *Totenbesuchsfeste* als herausgehobene *Zeiten* kollektiver Kommunikation unter Lebenden und mit Toten.

a. „Rosengärten"

Auch wo die Toten nicht durch „Festhalten" oder Hausbestattung in die Hausgemeinschaft mit den Hinterbliebenen einbezogen sind, nehmen sie doch auf andere Weise am Leben der Lebenden teil. In Stammesgemeinschaften bilden *Männerhaus* oder *Dorfplatz* Zentren des öffentlichen (politischen, religiösen) Lebens. Kein Wunder also, wenn hier auch die Toten oder bestimmte Tote (Mitglieder des Männerbundes, Häuptlinge) beigesetzt oder ihre „Seelen" irgendwie „wohnhaft" gedacht sind. Und wo die Toten, wie im alten Rom, aus dem Weichbild der Stadt verbannt sind (S. 68), da liegen ihre Gräber an belebten *Landstraßen,* so daß die Grabbewohner den Vorübergehenden ihr Geschick erzählen können und gegenseitige Ansprache und Zwiesprache möglich wird.[55] So sind denn viele Grabinschriften als Lebensbericht, Anrede des Toten an den Passanten, des Passanten an den Toten oder Zwiegespräch zwischen ihnen stilisiert. Dafür ein paar Beispiele:

> „Nur *einem* Manne vermählt und verbunden, Mutter von sechs Kindern, von denen mir eines blieb, starb ich."
> „Sei gegrüßt, Thais (Passant an die Tote)! – Die Götter seien Dir gnädig (die Tote dankt für den Gruß)!"

„Bleib stehen, Wandrer, schau den hohen Hügel an,
die Knochen liegen eines kleinen Mägdleins hier.
Da ruh' ich nun, mein Leben stand im Frühling noch.
Ernst nahm ich beides, Hausarbeit und Weberei.
Das Schicksal klag' ich an als schwer und ungerecht.
Den Namen fragst Du? Schon erklingt er: Salvia.
Sollst leben, Fremdling, hoffentlich noch glücklicher!"[56]

Die Germanen bestatteten ihre Toten ebenfalls gern an Heer- und Handelsstraßen und Kreuzungen, so „daß man oft den Verlauf dieser Wege nach den daran aufgereihten Grabhügeln bestimmen oder ergänzen kann". Viele tragen spezifische Namen wie „Hel(l)weg", „Heidenweg", „Rennsteig". Solche Begräbnisse in „Wegfluren" nützen beiden, den Lebenden und den Toten. Die Toten treten als Beschützer der unsicheren Straßen auf, dadurch sind sie ins Leben der Lebenden integriert und im ehrenden Gedenken der Reisenden eingeschlossen und bewahrt.[57] Im süddeutschen Raum (Alpenbereich) ist der Brauch im Aussterben, die Bretter, auf denen die Toten aufgebahrt oder zu Grabe getragen (und in den Sarg geschoben) wurden, zu beschriften und an Wegen und Wegkreuzungen aufzustellen oder aufzuhängen oder als Brückenbretter über kleine Bäche zu legen. Solche Bahrbretter oder Leichenbretter oder (was dasselbe bedeutet) *Rebretter* (S. 37: Reraub) sind meist beschriftet mit den Lebensdaten der Verstorbenen, mit Angaben über die Sterbeumstände, mit launigen Sprüchen, die sich darauf beziehen. Beispiele: „Auf diesem Brett ist gelegen Monika Heng 1853. Weine nicht, lieber Mann, nimm Dir eine andre an." „Auf dem Brett ist gelegen unser Mariandel, gestorben im Stehen (sic!) am 1. April 1841. Weil Gott gefiel die junge Blüthe, nahm er sie früh aus unsrer Müthe."[58] Die Rebretter zeigen gelegentlich die Umrisse einer menschlichen Figur und stehen für die Toten selbst, die so präsent sind an den „Knotenpunkten" des gemeinschaftlichen Lebens und des sozialen Verkehrs der Lebenden. Zur Warnung diene allen die Geschichte von dem Tischler, der ein Rebrett stahl und das Holz zur Verfertigung einer neuen Bettstatt mißbrauchte: seither erschien der Tote jedem, der auf besagtem Bett schlief.[59]

Von der Entstehung der christlichen *Friedhöfe,* welche die Sakraments- und Gottesdienstgemeinschaft zwischen Lebenden und Toten, die *communio sanctorum,* ermöglichte und verwirklichte, ist in anderem Zusammenhang (S. 60) die Rede gewesen. Die Solidargemeinschaft zwischen lebenden und toten Christen ging aber weit über den sakralen Bereich hinaus. Kirchhöfe dienten nicht nur der Totenbestattung und dem Gedenken der Verstorbenen an den Gräbern. Sie avancierten im Mittelalter und in der frühen Neuzeit „im Gegensatz zu heute zu den beliebtesten Orten einer dörflichen oder städtischen Siedlung".[60] Sie trugen und tragen im Volksmund (vor allem in der Schweiz) den Namen *„Rosengarten"*. Die Bezeichnung mag vom Brauch herrühren, die Gräber mit Rosengewächsen zu bepflanzen; und dieser Brauch mag auf einen anderen zurückgehen, Gräber mit Dornengestrüpp zu umgeben, um den Aktionsradius der Toten zu beschränken. So „trifft" der Rosenstrauch auf Gräbern „zwei Fliegen auf einen Schlag": Die Blume symbolisiert das fortdauernde Leben, der Dornenstrauch fixiert die Toten an den ihnen zugewiesenen Ruheort. Hier aber ist ihre Nähe erwünscht. Ihr jenseitiges Wissen, ihr Kontakt zu den Wachstumskräften des Erdreichs (S. 15 u. 25) kommt den Lebenden bei Rechts- und Meinungsfindung, bei Verteidigung, Eheschließung und Wunsch nach Fruchtbarkeit entgegen; dafür führen ihnen Spiel, Tanz, Lied und fröhliches Getriebe der Lebenden, überhaupt

Anteil an ihrem Leben, Lebensimpulse zu (S. 22). Als herausgehobene Orte solchen wechselseitigen Austausches zwischen Lebenden und Toten und Lebender untereinander waren Friedhöfe gleichzeitig (auch) Gerichtsstätten, Freistatt für Verfolgte, Versammlungsort zur Beratung und Entscheidung öffentlicher Angelegenheiten, Sammelplatz und „Reduit" in Kriegszeiten und Kriegsnöten (S. 69f), Markt-, Spiel- und Festplätze, Ort von Eheschließung und Fruchtbarkeitsbrauch (etwa nächtlicher Tänze nackter Jungmannschaft unter Absingung obszöner Lieder: sog. *„ritus paganus"*), überhaupt beliebter Treffpunkt für gesellschaftlichen Umgang (besonders der „gewöhnlichen Leute").

b. „mundus patet"

Mit dieser Wendung, wörtlich „die Welt (oder Unterwelt) steht offen", bezeichnen die Römer einen zeitlich begrenzten Zustand der Durchlässigkeit dieser Welt (und Unterwelt), der es den Toten erlaubt, ihre lebenden Hinterbliebenen zu besuchen und mit ihnen besonders intensiv zu kommunizieren. Das geschieht an den *Totenbesuchsfesten.*[61] Sowohl traditionelle Gesellschaften, antike Hochkulturen als auch Gesellschaften mit Hochreligionen kennen gleichermaßen solche periodischen „Öffnungen der Endosphäre zur Transzendenz"[62], durch die die Totenwelt in die Welt der Lebenden einbricht, diese aufbricht und regeneriert (indem sie für kurze Zeit alles auf den Kopf stellt; vgl. S. 50 u. 55).

In Klimaten mit ausgeprägten Jahreszeiten fallen die Totenbesuchsfeste meist in die *dunkle Jahreshälfte.* Und hier eignen sich besonders drei „Bruchstellen" im Zeitablauf als „natürliche" Einbruchsstellen der Exosphäre in die Endosphäre, der Unterwelt in die Oberwelt: Ende der

Vegetationsperiode – Beginn der Vegetationsruhe („Allerseelen"), Ende des alten Sonnenjahres – Beginn des neuen („zwölf Nächte"), Ende der Vegetationsruhe – Beginn der Vegetationsperiode („Fasnacht"). *Allerseelen* ist Totengedenkzeit mit Bewirtung der Toten in den Häusern der Lebenden (S. 21) und Gegenbesuch der Lebenden an den Gräbern der Toten, Schmücken der Gräber und Aufstellen von Lichtern. Gelegentlich bewirtet man statt der unsichtbar anwesenden Toten Arme oder zufällig einkehrende Fremde.[63] Wird Allerseelen von den Lebenden rite begangen, verschafft das den „armen Seelen" nicht nur kurze Ruhe, sondern sogar „Erlösung" von ihrer Fegefeuerpein.[64] Dafür bringen die Toten den Kindern Geschenke, verstecken sie im Bett, in den Schuhen, sogar im Nachttopf[65] und sind für Fruchtbarkeit im nächsten Jahr besorgt. Die *zwölf Nächte* (zwischen Weihnacht und Epiphanias) sind als „Interstadialzeit", Zeit „zwischen den Zeiten", zwischen den Jahren, besonders offen für das Einströmen der Totenwelt in die Lebenssphäre der Lebenden und beider zeitweilige Vermischung. Die Überlagerung dieses Totenfestes durch den christlichen Weihnachtsfestkreis läßt vom „liturgischen" Ablauf der Besuchsriten nur noch – aber immerhin – Fragmente erkennen. Zu Beginn der „Zwölften", an Weihnachten, legen die Hinterbliebenen Tannenzweige (Symbol „immergrünen" Lebens) auf die Gräber, brennen Kerzen an, deponierten (bis vor kurzem) Schinken, Speck, Eier und anderes (S. 23). Man glaubt, „die Verstorbenen weilten in der Christnacht unsichtbarerweise im Hause, wo sie einst gewirkt hatten".[66] Zur Zeit der Zwölften tobt das Wilde Heer der Toten (das „Guottisheer" S. 64) besonders ausgelassen durch die Lüfte über das nächtliche Land; und je wilder es tobt, desto fruchtbarer fällt das Jahr aus. Dasselbe wird vom Maskentreiben ausgesagt, das sich in dieser Zeit in den Alpenregionen (Deutschlands, Österreichs und besonders der Schweiz) entfaltet. Maskierung, Aufzüge und Gehaben der Vermummten „identifizieren" sie als Tote (des Wilden Heeres): Verlarvung, Lumpenkleid (S. 82), die „exosphärischen" Laute und Töne, die sie (mit und ohne Instrumente) erzeugen (S. 55), und die ganz andere Art, sich zu bewegen, verweisen ins Geisterreich. Auch ihre fruchtbarkeitssymbolischen Gesten (etwa Bewerfen junger Frauen und Mädchen mit Puppen an Epiphanias), überhaupt die Verknüpfung ihres Treibens mit der Fruchtbarkeit des Jahres (s. o.) deuten auf die erotisierenden und vitalisierenden Kräfte der Toten und ihrer chtonischen Sphäre (S. 86). Es ist immer wieder einmal angezweifelt worden, daß Masken (in unserm Zusammenhang) die Toten darstellen, zumal da Maskenträger selber die Bedeutung ihres Brauchtums oft nicht kennen – auch nicht zu kennen brauchen, wofern sie nur die Riten korrekt ausführen. Für traditionelle Gesellschaften ist der Zusammenhang zwischen Masken und Toten längst erkannt.[67] Wer einmal eine geschnitzte Holzmaske aus dem Berner Oberland oder aus dem Oberwallis gesehen hat mit ihrer grausigen Darstellung physiologischer Verfallserscheinung, wird einen Zusammenhang (bei aller Reserve gegenüber volkskundlicher Mythisierung wie Entmythologisierung) nicht von der Hand weisen. Maskenwesen und Maskentreiben beherrschen die *Fasnacht.* Am Ende „ihrer" Zeit, der dunklen Jahreshälfte, verabschieden sich die Toten „in corpore" mit einem Fest. Dieses Abschiedsfest beendet die *kollektive* Kommunikation zwischen Toten und Lebenden bis zum Anbruch des nächsten Winterhalbjahres; die *private* Kommunikation läuft je nach Anlaß das Jahr über weiter (vgl. S. 82). Fasnacht fällt, wie könnte es anders sein, auf den Termin ähnlicher Totenbesuchsfeste vor Frühjahrsbeginn, etwa des *Frawardigan* bei den alten Iraniern (und heutigen Parsen), der *Lupercalia (Parentalia, Feralia)* bei den Römern. An Fasnacht dominiert die „verkehrte Welt" der Toten (S. 87) mit ihren Gesetzen: die menschliche Stimme verkehrt sich zum Geisterlaut, Musik zur „Guggemusig", der gewöhnliche Gang zum ekstatischen Hüpfen, Wohlanständigkeit zu schlüpfriger Unflätigkeit; die Frauen regieren die Männer (Weiberfasnacht), Niedrig sitzt über Hoch und Vornehm zu Gericht (Narrengerichte, Schnitzelbänke), Verbotenes wird erlaubt. Soziale Entschränkung, sexuelle Promiskuität, „rituelle Anarchie" – das alles ist auch bei den Totenbesuchsfesten traditioneller Gesellschaften „auf dem Programm". Die besondere Rolle von Eros und Fruchtbarkeit (Obszönitäten, „Freizügigkeit") an Fasnacht zeigt auch der (schon während der Zwölften geübte) Brauch des Fizzelns, Fudelns, Kindlens oder Pfefferns: Fasnachtsbutzen schlagen Frauen und Mädchen mit Ruten, Stöcken oder wurstartigen Rollen auf den Hintern (oder die Genitalien). Der Hieb mit der „Lebensrute" symbolisiert den Geschlechtsakt – schon die Bezeichnungen lassen an Deutlichkeit nichts zu wünschen übrig („Fudeln", „Kindlen") –, ist also fruchtbarkeitsmagischer „Akt".[68] Die festliche Vermischung der beiden Welten, Welt der Toten und Welt der Lebenden, Jenseits und Diesseits, Unterwelt und Oberwelt, hat ein Kräftepotential freigesetzt, das die Toten vitalisiert und die Lebenden regeneriert und den energetischen Kreislauf zwischen den beiden Sphären stabilisiert und (für die neue Vegetationsperiode) mobilisiert.

Wenn wir jetzt zwei altrömische Totenbesuchsfeste ins Visier nehmen, so deshalb, weil das erste (die *Lupercalia)* in seiner Deutung generell umstritten ist und das zweite (die *Lemuria)* schon in die Vegetationsperiode fällt, was der Erklärung bedarf. Das Fest der *Lupercalia* (15. Februar) ist eingebettet in die Festtage der Parentalia (13.–21. Februar), Tage mit eindeutigem „Totenbesuchsfestcharakter"; schon das macht die Luperkalien ebenfalls „totenbesuchsfestverdächtig". Auch ihr Name hat es in sich. Das etruskische Wort *lup-/lupu-* bedeutet „sterben"; die volksetymologische Beziehung zum lateinischen Substantiv *lupus* („Wolf") ergibt sich aus der etruskischen Mythologie, die die Unterwelt als allesverschlingenden Wolf, den Unterweltsgott *Aita* mit Wolfsmaske vorstellt und darstellt (Tomba dell'Orco II, Tarquinia).[69] Bevor die Luperkalien durch Einbindung in die Romulus-Remus-Mythologie „romanisiert", durch Caesar machtpolitisch manipuliert und vom bigotten Augustus (erfolglos!) zu disziplinieren und zu klerikalisieren versucht wurden, präsentieren sie sich als etruskisches Totenbesuchsfest. Daß die Toten auch hier durch Lebende repräsentiert werden, entspricht einem typischen Zug der etruskischen Religion, über- oder unterirdische Mächte durch lebende Personen darstellen zu lassen (nicht zufällig kommt das lateinische Wort *persona,* deutsch „Person", von etruskisch *phersu:* Maske, Maskierter!). Folgender Ablauf des Festes ergibt sich aus den Quellen.[70] Die *luperci,* also die (wohl männerbündisch organisierte) Gruppe der Hauptakteure, versammelten sich in einer Höhle am Fuß des Palatin (der älteste, etruskische Siedlungskern Roms). Nach dem Opfer eines Bockes (oder mehrerer Böcke) berührte man die Stirn zweier Mitglieder der Gesellschaft (wohl zweier Anführer stellvertretend für alle) mit einem ins Opferblut getauchten Messer, worauf das Blut mit einem milchgetränkten Wollappen abgewischt wurde und die beiden Männer laut lachen mußten. Die Höhle steht sicher für den Aufenthaltsort der Toten, die Unterwelt. Die blutbeschmierten Männer stehen für Tote, die durch Milch (Säuglingsnahrung; vgl. S. 23) für die Zeit des Rituals vitalisiert, „zum Leben erweckt" werden: Das Resultat dieser Vitalisierung ist ihr Lachen; denn Tote können nicht lachen.[71] Dann traten die luperci, durch das Ritual in vitalisierte Tote verwandelt, ihren kultischen Lauf an: „nackt", nur in einen Schurz aus dem Fell des Opferbocks gehüllt, „eingeölt, bekränzt oder maskiert *(personati)* oder mit Lehm beschmiert", mit Riemen versehen, die sie vom Fell des Bocks heruntergeschnitten hatten – und betrunken. Öl wird als „Vitalizer", Kraftsubstanz gerühmt, deshalb die antike Prozedur der Krankenölung (Jak 5, 14f). Der Kranz als Sinnbild des Lebens schmückt auch die Häupter der toten Zecher und Zecherinnen (und ihres Personals) auf den etruskischen Totenmahldarstellungen (S. 15). Nacktheit, Teilentblößung (Schurz), Verhüllung (Maskierung), Hygieneverzicht (Lehmkruste), Trunkenheit begegneten uns als rituelle Partizipation am Todeszustand bei Trauer um Tote (S. 81). Ihr tänzerischer Lauf (eine Quelle spricht von Tanzen mit unanständigen Sprüngen) führte die luperci zuerst rund um den Palatin, den sie so mit einem magischen Schutzkreis umgaben (die Toten als Schützer der Stadt), dann zum Forum Romanum und die Via Sacra hinauf bis zur Stelle des späteren Titusbogens, dann dieselbe Strecke zurück bis zur Höhle. Ihre Route war von ausgelassenen Schaulustigen umsäumt. Wer ihnen in die Quere kam oder sich absichtlich in ihren Weg stellte – das waren besonders Frauen und heiratsfähige Mädchen, die sich freiwillig vor ihnen entblößten –, den trafen die Schläge ihrer Fellriemen, die ihnen Fruchtbarkeit verleihen sollten. Ferner sollen während des Laufs „Obszönitäten" verbreitet, Spottlieder abgesungen und Sündenregister von Bürgern verlesen worden sein. Wie man sieht, ist die Ähnlichkeit mit der Fasnacht erheblich. Sie ergibt sich aus dem Wesen der Totenbesuchsfeste selber und braucht nicht auf (direkten) historischen Abhängigkeiten zu beruhen. Die *Lemuria* fallen aus dem zeitlichen Rahmen der Totenbesuchsfeste heraus, denn sie liegen mitten im Mai (9., 11., 13.). Der verbannte Dichter Ovid schildert in seinen „Fasten" (Festkalender)[72] den Verlauf der mitternächtlichen Zeremonie: Der Hausherr erhebt sich, seine Füße bleiben unbeschuht (S. 82). Damit sich ihm kein „flüchtiger Schatten" *(levis umbra)* in den Weg stellt, schlägt er den Daumen in die Faust ein oder streckt ihn durch zwei Finger der Faust hindurch nach vorn – das eine ist eine Schutz- (Daumendrücken!), das andere eine obszöne Abwehrgebärde (die sog. „fica"). Er nimmt schwarze Bohnen (Totenspeise) und wirft sie mit abgewandtem Gesicht rückwärts und spricht dabei neunmal (*neun* Tage dauern die Parentalia): „Diese gebe ich, mit diesen Bohnen kaufe ich mich und die Meinen los!" Noch immer wendet er sich nicht um (Vorsichtsmaßnahme gegen das Nachholen; S. 54/55), denn nun liest der Schatten hinter seinem Rücken die Bohnen auf. Dann schlägt er eherne Becken zusammen (Lärmentfaltung vertreibt Dämonen und Tote) und fordert den Schatten neunmal auf, sein Haus zu verlassen: „Geht fort, Seelen der Väter *(manes exite paterni)*!" Indem er wieder um sich sieht (sich wieder umschaut), beschließt er eben dadurch rituell die Handlung.[73] Warum Kommunikation mit den Toten gerade im Mai, außerhalb „ihrer" Zeit? Gerade im Mai, in der Zeit des Wachstums, vermögen die Toten die noch junge Vegetation empfindlich zu schädigen oder kräftig zu fördern. Das eine will der Ritus abwehren, das andere durch die Bewirtung einhandeln.

D. Solidargemeinschaft

Wo die Lebenden die Toten in ihr Leben einbinden durch die vielfältigen Formen und nach den traditionellen Regeln gegenseitigen Umgangs, da nehmen die Toten am Leben der Lebenden aktiv Anteil, gewähren Hilfe, Schutz und Förderung in privaten und öffentlichen Angelegenheiten. Ihre *Anhänglichkeit* an die Hinterbliebenen läßt sie noch als Tote sich um ihre Familie sorgen. Ihre jenseitigen Kräfte lassen sie zu *Nothelfern* und *Schützern* der Lebenden werden. Ihr jenseitiges Wissen macht sie zu *Ratgebern* der Lebenden, zu Hütern ihrer *Traditionen* (gelegentlich auch zu Anstößern von Innovationen). Und ihre Beziehungen zur Erdsphäre machen sie zu Herren über die *Fruchtbarkeit* des Bodens und beteiligen sie am Prozeß der Reproduktion. Damit sind auch schon die Lebensbereiche angedeutet, in denen von den Toten Solidarität mit den Lebenden zu erwarten ist – die entsprechende Solidarität der Lebenden natürlich immer vorausgesetzt.

a. Empathie, Familienfürsorge

Die Vor- und Fürsorge der Lebenden für ihre toten Familienmitglieder war ja schon ständiges Thema unserer bisherigen Darlegungen. Ihr verdanken wir auch die „Erfindung" der juristischen Person in Gestalt der Stiftung (S. 16). Hier also nur noch Ergänzendes und Ergötzliches. Daß die Toten im Jenseits ebenfalls Geld benötigen, war verbreiteter Glaube. Die Chinesen verbrannten deshalb bei Besuchen an den Gräbern ihrer Angehörigen Papierfetzen, in der Meinung, diese würden im Jenseits zu Geld für die Toten.[74] Denselben Glauben setzt ein Schwank voraus, der von Europa bis nach Indonesien und Westindien verbreitet, bei uns durch das Fastnachtsspiel von Hans Sachs „Der Fahrend Schüler im Paradeis" bekannt ist.[75] Ein fahrender Student auf Schnorrertour erzählt einer Bäuerin von seinen Reisen, unter anderen auch nach Paris. Die Bäuerin versteht „Paradies" und fragt den Scholaren, ob er da vielleicht zufällig ihren verstorbenen Mann getroffen habe. Der Student erkennt im Mißverständnis seine Chance, zu Geld zu kommen. Er sagt, er erinnere sich, den Mann gesehen zu haben; aber dem gehe es gar nicht gut, er stecke in argen Geldverlegenheiten und könne sich dort nicht einmal das Allernötigste leisten. Die Frau übergibt dem Studenten ihre Ersparnisse mit der Bitte, diese ihrem Mann auszuhändigen, wenn er das nächste Mal wieder das Paradies besuche. Der Student verspricht's – und verduftet mit dem Geld auf Nimmerwiedersehn. Der literarische Schwank ist noch um die Jahrhundertwende in Westpreußen kriminalistische Wirklichkeit: Dort kann ein Betrüger bei der Geldübergabe verhaftet werden; er wollte einer Witwe mit einem ähnlichen Trick (er sei Petrus, ihr Mann habe Verschiedenes auf dem Kerbholz, unter 5000 Mark könne er den Mann nicht in den Himmel einlassen) ihr Bares und Erspartes abschwatzen. Die Witwe, selig darüber, ihrem verstorbenen Mann helfen zu dürfen, hatte beim Zusammenbringen der Summe in der Nachbarschaft den „hohen Besuch" ausgeplaudert.[76]

Bei solch rührender Fürsorge für die Toten wird man sich nicht wundern, wenn sich die Toten ihrerseits die *Fürsorge* für ihre lebenden Angehörigen angelegen sein lassen. Nicht nur, daß sie am Geschick ihrer lebenden Sippe *emotional* Anteil nehmen. Wie die Stammutter Rahel, die man von ihrem Grab her bitterlich über die Verbannung ihrer Nachkommen weinen hört (Jer 31, 15), oder wie eine grönländische Mutter, die ihr Kind in der

Nähe ihres Grabes spielen sieht und, von Gefühlsaufwallung überwältigt, dem Grab entsteigt, das Kind umarmt und küßt und ihm zärtliche Worte zuflüstert.[77] Sie „klinken sich" auch *aktiv* ins Leben ihrer Hinterbliebenen „ein". Wie jener tote Schuhmacher auf Thera, der nach seinem Tod ins Haus zurückkehrte, die Schuhe seiner Kinder ausbesserte, Wasser vom Brunnen herbeischleppte, für den Unterhalt der Seinen Holz fällte. Wie jene Frau auf den Molukken, die nach ihrem Tod regelmäßig ihren Mann besuchte, ihm bei der Arbeit half und schließlich dafür sorgte, daß er sich eine neue Frau nahm, nachdem sie auch noch seine Bedenken deswegen zerstreut hatte.[78] Erzählungen dieser Art ließen sich nach Belieben vermehren. Wir beschränken uns auf weniges.[79] Der tote Vater erzieht seinen Sohn: Ein frommer Jude starb, als seine Frau schwanger war. Der tote Vater kam jede Nacht in sein Haus und unterwies seinen heranwachsenden Sohn. Brachte ihm die hebräischen Schriftzeichen bei, las mit ihm die fünf Bücher Mose, führte ihn in die mündliche Lehre ein, lehrte ihn die Gebetriemen anlegen und die vorgeschriebenen Gebete richtig hersagen. Oft auch sprach er am Freitag zu Beginn des Sabbats den Segen über den Wein. Nachdem der Sohn religionsmündig *(Bar-Mizwa)* geworden war, sagte sein toter Vater zu ihm: „Bisher unterstandest du meiner Obhut; nun mußt du allein deinen Weg machen. Wandelst du nun in Gottes Zucht, so wirst du mich weiter um dich haben; ich werde dir ein Vater sein und du mir ein Sohn."[80] Der tote Vater hilft bei der Landnahme seiner Familie: Einer norwegischen Kolonistenfamilie, die im 10. Jh. nach Island segelte, um auf der Insel zu siedeln, starb auf der Überfahrt das Familienoberhaupt. Vor seinem Tode hatte der Alte aber noch angeordnet, seinen Leichnam in einen Sarg zu legen und über Bord gehen zu lassen und dort in der Nähe Wohnstatt zu nehmen, wo er geländet sein würde. Der Tote erreichte mit seiner Anordnung ein Doppeltes. Durch ein postmortales Landnahmeorakel bestimmte er für seine Familie die neue Heimstatt *und* sein Grab; denn dort, wo er angetrieben war, wurde er auch bestattet. So blieben der Tote und die Lebenden beieinander. Die tote Mutter verhilft dem Sohn zu Glück und Frau: Swipdag, Held zweier Eddalieder[81], hat die begehrliche Liebe seiner Stiefmutter abgewiesen. Aus Rache dafür belegt sie ihn mit einem Zauber, so daß er um eine unerreichbar ferne Jungfrau freien muß, deren Schloß von einem Riesen bewacht und deren Aufenthaltsort darin von einem Flammenwall umwabert wird. Unternehmen, das dem spröden Helden den sichern Tod einbringen muß. In seiner Not begibt er sich zum Grab seiner Mutter, ruft die Tote in ihrem Hügel auf, ihn für seine gefährliche Unternehmung mit wirksamen Zauberliedern auszustatten. Sie tut's, und Swipdag erlangt die Braut und ist vom Banne der bösen Stiefmutter frei. Die eddische Dichtung steckt voller einschlägiger Märchenmotive: Dornröschen (die „unzugänglich" eingeschlossene Braut), Rätselprinzessin (die nur durch Auflösung „unlösbarer" Rätsel erlangt wird), besonders aber Aschenputtel (die böse Stiefmutter; die tote „richtige" Mutter, die ihrem Kind zu Hochzeitsglück verhilft). Die tote Wöchnerin kümmert sich um ihr Kind: Tote Wöchnerinnen (so der Glaube im luzernischen Napfgebiet) kehren während 6 Wochen jede Nacht (zwischen abendlichem und morgendlichem Betzeitläuten) zurück, um ihr Kleines zu stillen und zu pflegen. Deshalb bestand man ganz besonders darauf, ihnen Schuhe ins Grab anzuziehen (S. 79), andernfalls müßten sie „barfuß zu ihrem Kindlein kommen".[82] Im Märchen von „Brüderchen und Schwesterchen" ist es die tote Königin, die jede Nacht ihr Kind aus der Wiege in den Arm nimmt, ihm zu trinken gibt, die Kissen aufschüttelt, es wieder hineinlegt und zudeckt.[83] Und – „empathische" Variation des Themas, die zum Anfang dieses Abschnitts zurücklenkt: Perchta von Rosenberg soll als weiße Ahnfrau lange Zeit in den Schlössern ihrer Nachfahren die Kinderstuben besucht, die Kinder ihres Geschlechts, wenn die Ammen eingenickt, gewiegt und „vertraulich" herumgetragen haben.[84]

b. Nothilfe, Schutz und Wacht

Die Lebenden sind in vielfältiger Weise auf den Schutz der Toten und ihrer Ruhe bedacht. Die Integrität der sterblichen Überreste ist auch heute gesetzlich geschützt (S. 9): Wegnahme von Leichen oder Leichenteilen, Unfug damit oder an einer Beisetzungsstätte, deren Beschädigung oder Zerstörung, ja schon der Versuch von alledem sind strafbar.[85] Reraub wird einem räuberischen Überfall auf ein Haus und seine Bewohner gleichgestellt und geahndet (S. 49). Die Grabkammern werden für Lebende unzugänglich (S. 16) angelegt (Pyramide, Felsengrab, Labyrinth) und magisch geschützt (vgl. S. 78). Bei den alten Römern galt der Ort, an dem sich ein Grab befand, als „religiöser Ort": er war privatem Eigentum entzogen und den unterirdischen Göttern geweiht.[86] Und unsere Friedhöfe waren „gefriedete" Stätten, wo „Gottesfrieden" herrschte[87], wo Verfolgte Asyl fanden (S. 86), wo die Toten „in Frieden ruhn" durften und wo Tote und Lebende in Notzeiten gemeinsam Schutz fanden und sich gegenseitig schützten. In den Wehrfriedhöfen (Wehrkirchen, Kirchenburgen) hat der Gedanke der Solidargemeinschaft als einer Schutzgemeinschaft zwischen Lebenden und Toten seinen architektonisch klarsten Ausdruck gefunden (S. 70).

Eine besondere Gruppe von Votivtafeln in Beinhäusern, Kirchhöfen und Kirchhofkapellen zwischen dem 15. und dem 18. Jh., Exempelliteratur, Legende, Predigt und Sage bildern und schildern die Toten als *Nothelfer* in Lebensgefahr nach folgendem Drehbuch: Ein frommer und tapferer Ritter hat die löbliche Angewohnheit, bei jedem Kirchlein oder Friedhof an seinem Weg zu verweilen, vom Pferd zu steigen und im Gebet kniend der armen Seelen zu gedenken. Als er so wieder einmal in einem Friedhof vor dem Beinhaus niederkniet und sein Gebet verrichtet, stürzen sich Räuber hinter der Friedhofsmauer hervor auf ihn. Schon sieht er sich verloren, da öffnen sich die Gräber und hervor stürmen Gerippe, schwingen Sensen und Schaufeln und vertreiben die Räuber im Nu. Der Ritter ist gerettet; die Retter sind verschwunden, der Kirchhof liegt wieder still.[88] Die Toten, genauer die armen Seelen im Fegefeuer, deren Qualen das ritterliche Gebet lindert und verkürzt, „revanchieren" sich bei ihrem Wohltäter: *communio sanctorum,* Gemeinschaft der Heiligen (S. 60), der streitenden Kirche (auf Erden) und der leidenden Kirche (im Fegefeuer). Die doppelte Lokalisation der Toten und ihre zwiefache Manifestationsform (Seele im Fegefeuer – Gerippe im Grab) soll uns nicht beschweren; die Beschauer der Tafelbilder und die Hörer und Leser der erbaulichen Erzählung hat es auch nicht angefochten. Auch „moderne" Zeitgenossen stehen nicht an, ihre Toten „im Himmel", gleichzeitig „im Grab" oder „irgendwie um sich" zu denken.

Die Toten in ihren Gräbern wehren nicht nur *privater,* sondern ebenso *öffentlicher* Not. Wehrstedt bei Halberstadt und Lenggries in Bayern rühmen sich ihrer Toten, die sich bei einem feindlichen Überfall (als Hoffnung auf Rettung schon nicht mehr bestand) aus ihrem Gräbern erhoben und die Feinde in die Flucht schlugen. Und in der festen Zuversicht auf Totenhilfe soll 1474 in Glarus eine alte Frau die Toten im Beinhaus aufgerufen haben, weil sie das Land (durch den Ausbruch der Burgunderkriege) in akuter Gefahr sah.[89] Die Griechen waren geneigt, den Sieg in den großen Entscheidungsschlachten bei Salamis und Marathon ihren Heroen zuzuschreiben, die sich, aus ihren Gräbern gestiegen, leibhaftig als Vorkämpfer in die Frontlinien einreihten.[90] Und so lange her ist es nicht, da sangen deutsche Soldaten den Refrain: „Vor uns marschieren mit sturmzerfetzten Fahnen / die toten Helden der jungen Nation / und über uns die Heldenahnen. Deutschland, Vaterland, wir kommen schon!"[91] Weniger pathetisch, aber durchaus im Rahmen des wechselseitigen „deal" zwischen Lebenden und Toten (vgl. S. 93), gestaltete sich die kriegerische Hilfe der Toten bei Auseinandersetzungen zwischen Lebenden im alten Iran. Da heißt es ganz „cool": „Welche von den beiden (kämpfenden Mannschaften) nun zuerst zu ihnen – gern in sorglichem Sinn aus gläubigem Gemüt – betet, nach *der* Seite wenden sich die starken Totengeister der Rechtgläubigen ..."[92] Die Toten unterstützten die kämpfende Partei, die ihnen am meisten Pietät und Aufmerksamkeit zuwandte.

In südamerikanischen Hochkulturen (bei den Chanca, den erbitterten Feinden der Inkas; bei den Chibcha) nahm man die Mumien berühmter Häuptlinge auf die Kriegszüge mit, was den Erfolg der Unternehmungen absichern sollte. Auch aus dem alten China gibt es Nachrichten, wonach König Wu bei seinem Kriegszug gegen die Shang den Leichnam – laut älteren Quellen die Ahnentafel – seines Vaters auf seinem Wagen bei sich führte.[93] Sehen wir hier den toten Helfer durch eine Ahnentafel vertreten (hölzernes Täfelchen mit dem Namen des Verstorbenen und Sitz einer seiner „Seelen"; vgl. S. 44), so agierten bei indogermanischen Völkern ganze Heere von *lebenden* Kriegern stellvertretend für die Toten und in ihrem Auftrag. Britanniens Truppen beschmierten sich mit dunkler Farbe und ließen die Haare lang wachsen (S. 82); und die germanischen Harier jagten ihren Feinden durch nächtliche (S. 61) Angriffe in schwarzer Kriegsbemalung als „Totenheer" *(feralis exercitus)* Furcht und Schrecken ein: so überliefern uns Caesar und Tacitus.[94] Bei den Nordgermanen bildeten die jugendlichen Angehörigen der Männerbünde die Elitetruppe bei militärischen Auseinandersetzungen von sippenübergreifendem Interesse; durch die Initiation in den Männerbund sind sie Eigentum Odins/Wotans geworden und Kämpfer in seiner „wütigen" Schar, seines nächtlichen „wilden Heeres" (S. 87) der Toten geworden.[95] Die SS-Totenkopfverbände mit ihren schwarzen Uniformen sind lediglich das (vorläufige?) Endglied dieser Tradition, die in Deutschlands Kriegsgeschichte gut beheimatet ist (etwa die schwarzen Totenkopfhusaren Friedrichs des Großen).

Der Glaube an die *Waffenhilfe* der Toten nimmt gelegentlich *eschatologische* Dimensionen an: Ihr Eingreifen wird auf eine unbestimmte Zukunft verschoben, „wenn die Not aufs Höchste steigt". Dann werden die toten Kaiser Karl und Friedrich Rotbart aus dem Odenberg oder Untersberg und aus dem Kyffhäuser oder – demokratischer – die toten drei Tellen aus einer Berghöhle am Vierwaldstättersee hervorkommen und ihr bedrängtes Volk und Vaterland retten.[96] Hitler konnte von seinem Berghof auf dem Obersalzberg zum Untersberg sehen, möglicherweise war deshalb seine Wahl auf diesen Ort gefallen.[97] Am 20. April 1945 dachte er daran, Berlin zu verlassen, sich auf den Obersalzberg zurückzuziehen und von dort, „im Angesicht des sagenumwobenen Untersbergs, den Kampf weiterzuführen".[98] Vielleicht erwartete er die Schicksalswende durch die an den Berg geknüpfte Prophezeiung. Während da die bedrängten Lebenden von einem toten Kaiser Rettung erhoffen, beschwört Heinrich Heine in seinem (von Schumann wundervoll vertonten) Gedicht „Die Grenadiere" den umgekehrten Fall: Ein toter Soldat hofft darauf, den bedrängten lebenden Kaiser und sein Vaterland zu schützen und zu retten. Ein napoleonischer Grenadier bittet seinen Kameraden, ihn in voller Montur und Waffenrüstung beizusetzen, wenn er „jetzt sterben werde":

„So will ich liegen und horchen still
Wie eine Schildwach, im Grabe,
Bis einst ich höre Kanonengebrüll
Und wiehernder Rosse Getrabe.
Dann reitet mein Kaiser wohl über mein Grab,
Viel Schwerter klirren und blitzen;
Dann steig ich gewaffnet hervor aus dem Grab –
Den Kaiser, den Kaiser zu schützen."

Die Toten gelten auch als Wächter der Grenzen und Übergänge. So läßt es sich verstehen, wenn die Skythen ihre toten Könige samt ihrem toten Gefolge am äußersten Rande des skythischen Machtbereichs bestatteten (S. 72f) und von ihnen einen mächtigeren *Grenzschutz* erwarten durften als von Lebenden. Ähnliches erhoffte Hitler, wenn er plante, nach dem „Endsieg" die Grenzen seines Imperiums vom Atlantik bis in die Ebenen Rußlands hinein mit einem Kranz von monumentalen Totenburgen zu bestücken[99]: die toten „Feldgrauen" – mächtige vorgeschobene Grenzwacht des „deutschen Herzvolkes"! Germanische und römische Begräbnisse lagen nicht nur häufig an Land- und Heerstraßen und an Kreuzwegen (S. 83), sondern markierten ebenso häufig Stammes- oder Gaugrenzen, überhaupt „grenzbestimmende Punkte". Die Römer hatten dafür sogar einen „Fachausdruck": *sepulchra finalia* (Grenzbegräbnisse).[100] Die Toten waren als Schützer von Grenzen auch *Schützer von Übergängen und Anfängen:* Deshalb wurden noch im Mittelalter beim Bau von Brücken, Stadttoren Kinder (manchmal auch Erwachsene) lebendig eingemauert (sog. „Primitialopfer").[101] Kinder eignen sich besonders gut als Bauopfer: Sie verkörpern ja in ihrer Person den Zustand des „Anfangs" und „Übergangs", und ihre toten Leiber bewahren besonders viel „verwertbare" Lebenskraft (vgl. S. 17). Dazu eine Ortssage: Kaiser Otto I. wollte Magdeburg zu einer Veste ausbauen. Aber die Arbeiten zogen sich hinaus, weil das Krökentor immer wieder kurz vor der Vollendung einstürzte. Ein befragter Astrologe antwortete, das Tor werde erst stehenbleiben, wenn ein kleines Knäblein in die Stützwand eingemauert werde, das von einer Mutter freiwillig angeboten sein müsse. Eine solche Mutter fand sich – ein Mädchen, das sein uneheliches Kind noch so gern loswerden wollte, denn mit diesem „Makel" hatte es keine Heiratschance. Das Kind ist dann tatsächlich in eine Nische der Torwand eingemauert worden. Das Mädchen aber mußte die Stadt verlassen, so groß war die „Empörung" über seine „Herzlosigkeit".[102] Primitialopfer werden noch heute aus Südostasien gemeldet: bei einem Brückenbau in Borneo (Sarawak) wird ein chinesischer Arbeiter tot mit fehlendem Kopf aufgefunden; sein Schädel ist heimlich eingemauert worden.[103] Als Schützer des Anfangs, gerade weil er sich auf dessen Tradition berief, nahm Hitler den toten Friedrich den Großen in Anspruch, als er am 21. März 1933 (Tag der ersten Reichstagssitzung nach der „Machtübernahme") in der Potsdamer Garnisonskirche über dem Grab des Preußenkönigs durch einen feierlichen Staatsakt den „Tag der nationalen Erhebung" eröffnete und damit die Gründung des „Dritten Reichs" proklamierte.[104]

c. Traditionswahrung und Innovation, Rechtsfindung und Wissenstransfer

Die Toten sind Wächter der Grenzen, Übergänge, Anfänge (S. 100f). Aus diesem Grunde beargwöhnen sie jede Grenzüberschreitung und jedes Beginnen, wenn diese nicht an sie „rückgekoppelt" sind. „Traditionelle" Gesellschaften (Naturvolkkulturen) sind geschlossene Systeme, die mit sich selbst und ihrer Umgebung in einem stabilen Gleichgewichtszustand verharren. Die überlieferten Regeln des Umgangs nach innen und nach außen hatten sich ja bewährt, was allein schon die Tatsache der gemeinschaftlichen Existenz, des Überlebens bewies. Jede Abweichung von einer traditionellen Regel mußte das ganze System in seinem Bestand gefährden, war also strikt zu meiden oder eiligst zu korrigieren („sühnen"), wollte man nicht die Kontinuität der Gruppe, damit deren Bestand überhaupt, aufs Spiel setzen. Unverzichtbare Komponente dieses Systems sind die Toten der Gemeinschaft, die Ahnen, und die Wechselbeziehungen zwischen ihnen und den Lebenden der Gemeinschaft. Auch hier konnten Regelverstöße im gegenseitigen Umgang das gesamte System destabilisieren, seine Erhaltung bedrohen, gar sein Gleichgewicht kippen. Um solche Regelverstöße zu minimalisieren, ist der Umgang zwischen Lebenden und Toten streng ritualisiert („Totenkult").[105] In einem solchen geschlossenen System ist also *Traditionswahrung* nicht nur folkloristischer Luxus, nostalgische

Volkstümelei, sondern lebens-, nein überlebenswichtige Notwendigkeit. Für die Lebenden bedeutet das, sich an die traditionellen Formen des Umgangs mit ihren Toten zu halten, sonst ist deren postmortales Dasein beeinträchtigt, sie verfallen dem Nichts (dem zweiten Tod) oder wenden sich gegen die Lebenden (vgl. S. 38). Für die Toten bedeutet das, ebenfalls die traditionellen Formen des Verkehrs mit den Lebenden zu wahren, andernfalls riskieren sie, daß ihnen die Lebenden ihre Solidarität aufkünden und sich gegen sie kehren (vgl. S. 172ff). Die Toten sind aber auch am korrekten – durch die Tradition festgelegten – Umgang der *Lebenden untereinander* und mit ihrer Umgebung vital interessiert. Diesbezügliche Unregelmäßigkeiten bedrohen den Zusammenhalt der Gemeinschaft der Lebenden und damit auch die Existenzgrundlage ihrer Toten. Darum sind die Toten in besonderem Maße auf Traditionswahrung aus und Schützer der gemeinschaftlichen Überlieferungen.

Nicht nur in traditionellen Gesellschaften, sondern überhaupt in solchen mit stabilen kulturellen und religiösen Traditionen (und das sind in Europa die Gesellschaften bis in die Neuzeit hinein) sind die Toten *Schützer* derjenigen überlieferten Regeln des Zusammenlebens, die wir *„Recht“* nennen (also Normen, die Eigentum, Besitz, Sexualverhalten, Tausch, Umgang mit Delinquenten usw. betreffen), waren sie doch selber zu Lebzeiten Tradenten und Schöpfer der geltenden Rechtsordnung. So ist es nur logisch, wenn Männerhäuser oder Dorfplätze, wo die Schädel von Toten aufbewahrt, Tote begraben oder die Ahnenseelen anwesend gedacht werden, mit Vorliebe der Beratung von Rechtsangelegenheiten dienen oder wenn Friedhöfe im Mittelalter und in früher Neuzeit als Gerichtsstätten fungieren (S. 83). Die Toten waren in all diesen Fällen als Beisitzer beim

Rechtsgang erwünscht: sind sie ja die Traditionshüter, die eigentlich Wissenden (vgl. S. 105 ff). Und da, wo die Lebenden ihnen zu ihrem Recht verhalfen (S. 39 ff), stellten ihnen die Toten ihrerseits ihr Wissen zur gemeinsamen Rechtsfindung zur Verfügung. Der Aufruf des „Landknechts" (Gerichtsdieners) zum Gerichtstag richtete sich denn auch an die Lebenden *und* die Toten. „Belauft ihr lebendigen und ihr todten und kombt für Gericht", so lautete beispielsweise die Berufungsformel in der fränkischen „Zent" (Unterbezirk) Haßfurt.[106] Im alten Griechenland hielt man die (toten) Heroen (S. 99) für „Hüter des Rechts und Strafer der Gesetzesbrecher"; insbesondere wachten die Toten auch über die Einhaltung der Eide – zumal auf Meineid keine gesetzliche Strafe stand.[107] Und genau an diesem Punkt werden die Toten besonders aktiv: bei Tatbeständen, die gesetzlich nicht geregelt, durch Rechtsempfinden oder Herkommen aber durchaus reguliert waren (etwa schikanöser Umgang mit Dienstpersonal, Ausbeutung von Notlagen, Wiederverheiratung Verwitweter; vgl. S. 44), oder in Fällen, wo geltendes Recht zwar bestand, aber von den Lebenden nicht durchgesetzt wurde (etwa wenn ein Rechtsbrecher zu mächtig war, als daß er zur Rechenschaft hätte gezogen werden können). Hier interzedierten die Männerbünde (schicht- und sippenübergreifende Verbände der waffenfähigen unverheirateten Jugend) als Vertreter und im Auftrag der Totenwelt, durch Maskierung, geisterhaftes Gehaben und Gebaren (Vermummung, Geisterschritt und -laut) und durch spezielle Initiation als Tote gekennzeichnet (vgl. S. 100). Ihre nächtlichen (Nacht als Totenzeit) Rüge- und Strafaktionen reichen – im germanischen Raum – von zermürbender „Katzenmusik" vor dem Haus des Betroffenen und heimlichem Anschlagen von Schmähgedichten, die vertuschte Vergehen namentlich

„an den Tag bringen", bis zu Plünderung und Brandschatzung des Besitzes von wiederholt erfolglos Gerügten, im Extremfall bis zum Lynchen (Hängen) von Inkriminierten. Solche männerbündischen Unternehmungen vermochten (gelegentlich) zu Veränderungen verkrusteter Machtstrukturen in einer Gesellschaft zu führen und politische *Innovationen* zu bewirken (Entstehung der Schweizerischen Eidgenossenschaft).[108]

Die Toten gehören einer „andern Dimension" an als die Lebenden – bei aller Verbundenheit mit ihnen: deshalb verfügen sie über paranormales *Wissen,* Kenntnis von zeitlich und räumlich entfernten Dingen und Geschehnissen. So rüstet die tote Mutter den eddischen Helden Swipdag mit Zauberwissen aus, damit er ein gefahrvolles Unternehmen besteht, eine Braut gewinnt und von einem Fluch frei wird (S. 96). So verrät (nach Andersens Märchen „Der Wandergefährte") ein „dankbarer Toter" (vgl. S. 48), den ein mitleidiger Bursch vor Verunglimpfung seines Leichnams und Störung des Totenfriedens bewahrt hat, seinem Wohltäter die richtigen Antworten auf drei Fragen, mit denen er die Hand einer „Rätselprinzessin" erringt. So warnen Tote ihre Hinterbliebenen (in bayerischen Sagen) jeweils vor dem Ausbruch einer Seuche, indem sie aus ihren Gräbern ein Rauschen ertönen lassen.[109] Und so rufen auf den Neuen Hebriden (Melanesien) die Eingeborenen den in der Wohnhütte aufgestellten Schädel des Großvaters um Rat und Hilfe in den Angelegenheiten des täglichen Lebens an (wobei man etwas *Kawa,* ein leicht narkotisierendes Getränk, in die Luft oder gegen den Schädel spuckt); denn die Ahnen haben einen „besseren Durchblick" als die Lebenden.[110] Der *Wissenstransfer* ist nicht einseitig. Auch die Toten sind auf das Wissen der Lebenden angewiesen. Ohne das Wissen der Lebenden um die korrekten Bestattungsriten wäre den Toten der Übergang ins Jenseits verwehrt. Ohne das Wissen der Lebenden um die korrekten Formen bei Totenspeisung, Totenkommunion, Totenbesuchsfesten, Totenausstattung, Totenhochzeit, Totenfolge usw. bräche die postmortale Vitalitätszufuhr, der postmortale Triebhaushalt zusammen, die Toten verfielen dem zweiten Tod, vorher aber pervertierten Formen gemeinschaftsfeindlichen Lebensdurstes und Lebenshasses (vgl. S. 103). Oft ist es allein dem Wissen des Schamanen zu verdanken, daß die Seele des Verstorbenen ihren richtigen Platz in der Unterwelt findet. Nur er besitzt genaue Detailkenntnis von der Unterwelt, ihrer labyrinthischen Topographie und ihren Fährlichkeiten. Seine Seele geleitet die des Toten und bringt sie durch die unterweltlichen Gefilde sicher an ihr Ziel.[111] Oft ist es allein das Wissen der Totenpriester, das es den Toten ermöglicht, vor dem Totengericht zu bestehen. Sie notieren für den Toten die richtigen Antworten auf die Fragen des Totengerichtshofs. Ein Papyrus mit dem 125. Spruch des Totenbuches, der der Mumie in die Binden mit eingewickelt wurde, unterrichtete den (toten) Ägypter über alle Einzelheiten der ihn erwartenden und ihn betreffenden Verhandlung vor dem Totenrichter Osiris und legte ihm die Sätze in den Mund, mit denen er sich herausreden und von Schuld freilügen konnte. Und damit ihn sein Herz (Sitz des Gewissens) nicht doch verrate, legten die Lebenden (nach Anweisung der Totenpriester) der Mumie einen sog. „Herzskarabäus" um den Hals mit der eingeschriebenen Beschwörung (Spruch 30A oder 30B des Totenbuches), das Herz des Toten möge (vor dem jenseitigen Gerichtshof) nicht als Zeuge gegen ihn aufstehen und „seinen Namen nicht stinkend machen".[112]

Unter den Bedingungen eines gemeinsamen „Informations-Pools" waren die Toten gerne bereit, die Lebenden an ihrem Wissen teilhaben zu lassen. Unbefugten Fragern allerdings, welche den Toten ihr Wissen abzwangen, verkündeten die Toten oft den eigenen Tod, der dann auch schnell genug eintraf. Die Technik der Befragung Toter heißt *Nekromantie (Nekromantik, Nekyomantie;* vgl. S. 35)[113] Totenbefragungen finden im allgemeinen nachts (Zeit der Toten; S. 105) bei abnehmendem Mond statt. Entweder an Orten, wo man Eingänge in die Unterwelt vermutet (etwa im antiken Cumae westlich von Neapel), an den Gräbern oder in Gegenwart des (noch) unbestatteten Leichnams. Einen Leichnam, der noch über dem Boden war, brachte man zum Sprechen, indem man ihm (nach dem mittelalterlichen dänischen Historiker Saxo Grammaticus; S. 74f) ein Stäbchen mit einem eingeschnittenen „(Runen-)Lied" oder (nach einer jüdischen Sage[114]) ein Schildchen mit dem Namen Satans (den Juden war Totenzauber verboten; vgl. 1 Sam 28) unter die Zunge legte. Möglicherweise der früheste Beleg (der weit ins 1. Jt. hinabreicht) für diese Art von Nekromantie ist ein Brakteat (genauer: eine sog. „Medaillon-Imitation") mit einer Aufschrift in lateinischen Buchstaben, die so angeordnet sind, daß sie sich in beiden Richtungen gleich lesen (SIVSVSVIS) und als magische Verrätselung des germanischen Wortes *sisu* (Totenzauber) zu gelten haben. Das Medaillon wurde in einem südschwedischen Grab im Munde eines Toten gefunden. Ein schon bestatteter Toter ließ sich vernehmen, wenn man auf seinem Grab übernachtete (sog. *„Inkubation"*): Er erschien dann dem Schläfer im Traum und erteilte seine Orakel (vgl. Jes 65, 4 in der griechischen Übersetzung). Oder man weckte den Toten in seinem Grab durch ein *„Wecklied"*, einen Zaubergesang (vgl. oben das „Runenlied"), der (bei den Nordgermanen) mit dem stereotypen Weckruf *„Vaki!“* („Wach auf!“) begann. Mit einem solchen Lied rief Swipdag (S. 106) seine Mutter im Grab um Rat und Hilfe an. Oder man veranstaltete ein Totenopfer (eine sog. *„Nekyia“*), das den Toten vitalisierte und kommunikationsfähig (erscheinen, sprechen) machte. Dazu grub man (am Grab) eine Opfergrube (magische „Abbildung" der Unterwelt) und schüttete Blut, Wein, Milch, Honig, Olivenöl, Gerstenkörner usw. (Kraftnahrung für Tote; S. 23) hinein. War der Tote noch nicht zur Erde bestattet, konnte die Nekyia neben dem Leichnam abgehalten werden; man mußte dann aber (als magischen Ersatz für den Toten) eine Puppe in die Opfergrube legen. In Gesellschaften, die Schamanismus praktizierten, wurde der Schamane beauftragt, seine Seele aus dem Körper ins Jenseits fahren zu lassen (sog. „Seelenexkursion"), um sich von den Ahnen Rat und Hilfe zu erbitten. Eine allgemein verpönte Form von Nekromantie bestand im zauberischen Mißbrauch von *Leichenteilen,* Leibzeichen (etwa Haaren) oder Kontaktgegenständen (S. 78) des Toten.[115] Hierzu waren die sterblichen Überreste von vorzeitig oder gewaltsam durch plötzlichen Tod Umgekommenen besonders begehrt, da man in ihnen noch besonders viel Lebenskraft „gestaut" wähnte (S. 152). Man scheute auch nicht vor Ritualmorden zurück, um sich in Besitz solcher Reliquien zu setzen. Die Beschwörung und Befragung solcher Toter geschah nach dem magischen Grundsatz *„pars pro toto“* – wer den Teil hat, hat das Ganze. Diese Praktiken rechnen natürlich zur schwarzen Magie. Die Nekromantie in ihren verschiedenen Formen blühte während des ganzen Mittelalters: In Apulien und Spanien (Toledo, Salamanca) existierten eigentliche Ausbildungsstätten, wo „Nigromanten" ihr Handwerk erlernen konnten. Berufs- und Arbeitstracht der Totenbeschwörer war der Kapuzenmantel:

„Necromanticus habebat cucullum ac tunicam de pilis caprarum (der Totenbeschwörer trug Kapuze und Mantel aus Ziegenhaar)." Wer sich mit den Toten, den „verhüllten Geistern" abgibt, muß sich selbst verhüllen, ihnen gleich werden (S. 81).[116]

Die Toten sind Hüter und Wahrer der kulturellen (religiösen, juridischen, technischen) Überlieferungen und Einrichtungen einer Gemeinschaft (und hier ist wieder an den Beginn unseres Abschnittes anzuknüpfen; S. 103f). Aber nicht nur das: sie sind auch deren *Begründer.* Als Vorläufer der lebenden Generationen stehen sie immer auch am *Anfang* der Überlieferungsketten. So ist etwa der Ahn, der als Dorfgründer verehrt wird, zugleich der „Kulturheros" der Dorfgemeinschaft, die ihre Existenz (letztlich alles, was die Gemeinschaft ist und hat) auf ihn zurückführt. „Vorher" stand eben kein Dorf, war nur menschenleere Un-Welt. Die Toten sind also nicht nur Wahrer, auch *Neuerer.*[117] Immer wieder sind sie um *Innovation* besorgt, wo Verkrustungen das Überleben der Gemeinschaft bedrohen. In diesem Zusammenhang sei an die innovative gesellschaftliche Funktion der Männerbünde als Beauftragte und Vertreter der Totenwelt erinnert (S. 105) oder an die regenerative Kraft der fasnächtlichen Inversionsriten, die die „sklerotische" Welt der Lebenden (stets aufs neue) durch die „verkehrte Welt" der Toten umkrempelt und „auf den Kopf stellt" (S. 87f). Von den Toten ist bekannt, daß sie (mit oder ohne Instrumente) „exosphärische" Laute erzeugen, die durch ihre jenseitige ekstatische Andersartigkeit beim Zuhörer Entsetzen oder Entzücken auslösen. Leute, denen das Guottisheer, die „Nachtschar" der Toten, begegnet, beschreiben die akustischen Eindrücke, die sie dabei empfangen, als „wunderbarliches Getöse", „anmutiges Getön", „liebliches Saitenspiel", als „berückend schöne

Weisen" mit unwiderstehlich „wundersamen Klängen".[118] Alpenländische (bes. Schweizer) Sagen wissen zu erzählen, der Kuhreihen (oder das Jodeln) sei ein nächtliches Geschenk schwärmender Totengeister an die Lebenden. Kuhreihen und Jodeln haben über die Kühe die Macht eines Lock- und Melkzaubers, sind (waren!) für die alpine Hirtenkultur von lebensbestimmender Wichtigkeit. So wären die Toten die eigentlichen Begründer alpenländischer Kultur: *Kulturgründer.*[119]

d. Regeneration, Eros

Auf vielfältige Weise tragen die Lebenden zur *Vitalisierung* und *Erotisierung* der Totenwelt bei: durch die Erfüllung erotischer Bedürfnisse der Toten (S. 24ff), durch Totenrecht und Totenfolge, die sexuelle Ansprüche und Bindungen mit dem Tod nicht enden lassen (S. 43ff u. 72ff), und schließlich auch durch Freisetzung von Vitalitätspotentialen an den Orten und Zeiten besonders intensiver gegenseitiger Kommunikation (S. 86 u. 89: erotische Freizügigkeit). Dabei läuft der Vitalisierungs- und Erotisierungsstrom auch in umgekehrter Richtung; denn die Toten sind Teil der Erde und ihrer tellurischen Kräfte der Lebenswandlung, Lebenserneuerung, Fruchtbarkeit. „Aus dem Reiche der Abgeschiedenen kommt die Fülle des Lebens" und seine *Regeneration.*[120]

Der Kreislauf der *Regeneration* konnte sehr „kurzgeschlossen" sein. Dadurch, daß man die Toten zerstückelte und im Ackerboden begrub. „Ihre Vitalkräfte gingen damit ein in den Boden, teilten sich den heranreifenden Fruchtpflanzen mit und gelangten so wieder zurück in die Leiber der Lebenden."[121] Leichenzerstückelung war wohl eine der Bestattungsarten im vorgeschichtlichen Ägypten. Der „Mythus" zu diesem „Ritus" wäre dann in der Überlieferung um Osiris enthalten: Osiris, Sohn des Erdgottes Geb und selber chthonischer Vegetations- und Fruchtbarkeitsgott, wurde von seinem Bruder Seth umgebracht und zerstückelt, von seiner Schwester und Gattin (Isis) wieder zum Leben erweckt und von den Göttern (als Herrscher der Unterwelt; S. 107) wieder in seine königlichen Rechte eingesetzt.[122] Dieselbe Behandlung der Leichen ist für „rezente" traditionelle Gesellschaften bezeugt. In Neuguinea etwa auch durch die Sitte, die Überbleibsel endokannibalistischer (und kannibalistischer) Mahlzeiten (vgl. S. 61ff), also die Gebeine, mit dem Blut frisch geschlachteter Schweine zu bestreichen (zu vitalisieren; S. 109) und in den Gärten zu begraben, um deren Fruchtbarkeit zu garantieren.[123] Ähnlich kurzgeschlossene Vegetationskreisläufe haben sich auch in unseren Breiten erhalten; wir können uns also weite Zeit- und Interkontinentalreisen sparen. „Die Finnen" graben während der Aussaat Totengebeine vom Friedhof (die man nach der Ernte pietätvoll wieder an ihren Ort zurückbringt) oder Friedhofserde in den Acker mit ein, „die Deutschen" „Erde von einem neuen Grab" oder „Stroh (S. 135), auf dem jemand verschieden ist" (die Angaben stammen aus der Zeit um 1920).[124] Und wie aus einem Plan von St. Gallen zu erkennen ist, wurde im Mittelalter der dortige Friedhof zugleich als Fruchtgarten genutzt.[125] Friedhöfe sind Orte hoher Vitalitätskonzentration. Erde von einem frischen Grab dient nicht nur zur Fertilisation der Felder, sondern auch zur Geburtshilfe: wenn bei kaukasischen Juden die Geburt schwer vonstatten geht, wird der Kreißenden ein Glas Wassers verabreicht, das mit Erde von einem (nicht über vierzig Tage alten) Grab vermischt ist.[126] Direkter Kontakt mit den Toten auf Friedhöfen macht fruchtbar: In Bosnien und der Herzegowina wühlen unfruchtbare

Frauen nachts Kindergräber auf und lösen über der Leiche ihre Haare.[127] Das weibliche Haar ist Sitz weiblicher Geschlechtsmächtigkeit (deshalb will Paulus, daß Frauen während des Gottesdienstes ihr Haar verhüllen; vgl. 1 Kor 11, 5ff) und Seelenorgan („Haarseele", „Zopfseele"; S. 78)[128]: Wird es erotisiert und vitalisiert, werden seine Trägerinnen fertilisiert. Religiöse Systeme interpretieren und tradieren solche (kurz-)geschlossenen Regenerationszyklen gerne als *Wiederverkörperungs-, Wiedergeburts-* oder *Seelenkreisläufe.* Bei vielen Ethnien in Afrika verkörpert sich der Ahn im Enkel, die Ahnin in der Enkelin: Der Großvater könnte theoretisch seine Enkelin heiraten, denn in ihr hat sich seine (verstorbene) Frau reinkarniert.[129] Diejenigen Seelen, denen es nach dem Tod des Leibes nicht glückt, in den Leib einer Frau zu fahren, sind übel dran, sie werden Totengeister (und können den Lebenden gefährlich werden; vgl. S. 37). Der Regenerationszyklus führt manchmal über ein Zwischenglied: Stirbt ein Mensch, wird ein bestimmtes Tier, stirbt ein bestimmtes Tier, wird ein Mensch geboren.[130] Nach Ansicht der Eingeborenen auf Neukaledonien ist das Wesen der toten Ahnen in den Yams-Knollen verkörpert. Sie vermitteln dem Mann, der sie ißt, Virilität und Potenz; und diese ist konzentriert im männlichen Samen. Er ist „Substanz der Ahnen" und ihr „Kraftpotential". Beim Geschlechtsakt kräftigt er das weibliche Blut, in dem ja ebenfalls (durch Essen der Knollen) die Kraft der Ahnen zirkuliert, so daß die Frau fruchtbar wird. Der Ehemann ist hier nicht „Erzeuger", sondern „Verstärker".[131] Und wenn schließlich australische Aborigines die „Seelen" ihrer Verstorbenen als „Kinderkeime" an bestimmten „heiligen Orten" (etwa Bestattungsplätzen) anwesend glauben, die dort auf ihre Wiedergeburt warten und in die Körper von Frauen eindringen (welche absichtlich oder zufällig an diesen Stellen vorbeigehen)[132] – so klänge das alles den Ohren unserer eigenen Vorfahren gar nicht sehr fremd. Denn unser Wort „Enkel" heißt nichts anderes als „kleiner Ahn" (althochdeutsch *eninklīn* aus *anō* + Verkleinerungssuffix *-inklīna*), und unser Wort „Seele" ist eine Ableitung vom Wort „See" mit der Bedeutung: vom „See" stammend.[133] Und das heißt: in den „Enkeln" glaubte man die Großväter („Ahnen") wiedergeboren, und zwar so, daß sich ihre „Seelen" vor einer neuen Einkörperung in gewissen heiligen „Seen" als Zwischenstationen und „Seelenreservoiren" („Kinderteichen") aufhielten. Von komplizierteren Seelenkreisläufen, wie sie etwa in Indien oder bei Platon „klassisch" ausformuliert worden sind, sehen wir hier ab, weil bei ihnen das Fruchtbarkeitsmoment zugunsten moraltheologischer Anliegen zurückgedrängt erscheint.[134]

Nicht überall wird die Beziehung der Toten zu Regeneration und Eros als kurzgeschlossener Regelkreis gesehen. Auch wo die Toten als (dauernde) Bewohner einer jenseitigen *Unterwelt* und (mächtige) Vertreter der tellurischen Sphäre geglaubt werden, traut man ihnen Macht über *Fruchtbarkeit* und Gedeihen zu – selbst wenn man neben der Unterwelt noch andere Aufenthalte für die Toten annahm und wenn die Leichen nicht begraben, sondern (vorher) kremiert wurden. Das altindische Ahnenopfer wird bei Neumond (wenn die Nächte am dunkelsten sind; vgl. S. 108) veranstaltet. Die „Väter" werden feierlich eingeladen, sich an der südlichen Seite des Opferplatzes niederzulassen (denn sie kommen aus dem südlich gelegenen und geglaubten jenseitigen Totenreich) und sich am Duft der ihnen offerierten Reisklöße und dem für sie ausgegossenen narkotischen Getränk zu erfreuen. Man ruft sie dabei als „untere, obere, mittlere" an – dachte sich ihre Wohnsitze also nicht nur unterirdisch, sondern auch oben im Himmel und in der Luft (mehrfache Lokalisation; vgl. S. 98) –, heißt sie gleichzeitig „mit Feuer verbrannt" und „nicht mit Feuer verbrannt" – machte also keinen (rituellen) Unterschied zwischen feuer- und erdbestatteten Toten. Man bittet sie um „Reichtum, der ganz aus tapferen Söhnen besteht".[135] Wenn sich die Gattin des Opferers einen Sohn wünscht, genießt sie von den für die „Väter" bestimmten Klößen mit und gewinnt dadurch Anteil an ihrer vitalisierenden Macht und damit Kindersegen; während die anderen Opferteilnehmer den Mitgenuß meiden, um mit der Totenwelt nicht in Kontakt zu geraten (vgl. S. 22).[136] Wenn am iranischen Totenbesuchsfest *Frawardigan* (S. 89) die Totengeister (dargestellt von den maskierten Angehörigen der Männerbünde) von den Hinterbliebenen wohl aufgenommen und bewirtet sind, dann wünschen sie ihnen: „Es soll sich in diesem Hause einstellen eine Herde von Vieh und von Männern (d. h. von starken Söhnen)." Und dann sorgen sie auch dafür, daß ihre Familien (Dörfer, Gaue, Länder) stets mit genügend lebenswichtigem Wasser versorgt bleiben.[137] Und das immer noch, obwohl die Toten durch eine inzwischen geänderte Bestattungspraxis längst keine Bewohner des Erdreichs mehr sind (die Parsen setzen ihre Leichen bekanntlich auf „Türmen des Schweigens" der Luft aus).[138] „Wildstämme" des ehemaligen Formosa pflegten nach Einbringen der Ernte und bei der Aussaat an einem bestimmten Tage zur Zeit des Vollmondes (Zeit höchster Lebensentfaltung!) sich an die Ahnen zu wenden, zu danken für reiche Ernte und zu bitten für Gedeihen der Saat. Aus diesem Anlaß bringt jede Familie Kuchen vom eingeernteten Getreide bei Nacht (Zeit der Toten) in den Dschungel (Aufenthaltsort der Toten), wickelt sie in Blätter ein und hängt sie an Bäumen auf, damit die Geister der Vorfahren davon genießen.[139] Im übrigen beruht das Verhältnis zwischen Lebenden und Toten auf Gegenseitigkeit. Sind die Toten versorgt, sorgen sie für die Lebenden und werden von ihnen respektiert. Sorgen sie nicht gut für die Lebenden, schwindet der Respekt. Der Afrikaner sagt dann etwa: „Du bist kein Ahn, du bist nur ein Totengespenst!" Bessert der so Beschimpfte sich nicht, wird er nur noch widerwillig beopfert (damit er die Lebenden wenigstens nicht behelligt; vgl. S. 113); irgendwann aber vergißt man ihn, allmählich tritt für ihn der ewige (zweite) Tod ein.[140]

Besonders intensiv gestalten sich natürlicherweise die Kontakte zur Totenwelt für die *jugendlichen* Mitglieder der Gemeinschaft, die durch die Geschlechtsreife ihre Waffenfähigkeit und ihre Fähigkeit zur Allianz und Prokreation erlangt haben, wobei Allianz die Verbindung mit einer andersgeschlechtigen Person einer fremden Sippe zum Zweck der Erzeugung von Nachkommenschaft (Prokreation) meint. Am Erwerb und Gebrauch dieser Fähigkeiten und Pflichten hängen Bestand und Kontinuität der Gesellschaft, ihr physisches und soziales Leben. Über die Beziehungen zwischen Lebenden und Toten zum Schutz der Gemeinschaft wurde schon abgehandelt (S. 100); hier ist über diese Beziehungen zwecks *Reproduktion* ihrer Mitglieder zu reden. Bis in die Neuzeit hinein finden wir in Mitteleuropa nächtliches Treiben der Jungmannschaft auf Friedhöfen bezeugt (und behördlich gerügt!). Die Teilnehmer dieses (beargwöhnten) Treibens tanzen nackt (sog. *„ritus paganus"*; S. 86, vgl. auch S. 91), oft mit Schwertern versehen (Zeichen der Waffenfähigkeit), und „unter Absingung schandbarer Huren- und Venuslieder, deren mit jedem Jahr immer neue gemacht und verkauft werden" über den Gräbern. Auch von gemischten Tanzgruppen wird berichtet und von „Jungfrauen", die in den Nächten vor Weihnachten oder Neujahr (also um die Zeit der Zwölften; S. 87) die Friedhöfe zu Tanzplätzen umfunktionierten.[141] Tanz ist Lebensentfaltung, die die Toten revitalisiert, deren regenerative Kräfte „rückkoppelnd" die jungen Tänzer und Tänzerinnen erotisieren und fertilisieren. (Es wäre zu untersuchen, ob unsre jungen Grufties nicht dasselbe Bedürfnis nach vitalisierendem und erotisierendem Kontakt mit der Totenwelt auf die Friedhöfe treibt.[142]) Bei einem für die Gesellschaft so wichtigen Anlaß wie der *Hochzeit* (Allianz zweier Geschlechtspartner) sind die Toten dabei. In An-skis jiddischem Drama „Der Dybuk" (S. 43) geht die Braut auf den Friedhof ans Grab ihrer Mutter und lädt sie ein, ihr (zusammen mit dem lebenden Vater) das Geleit zur Trauzeremonie zu geben und mit ihr zu tanzen. Ähnliches Brauchtum findet sich in ganz Kontinentaleuropa. Im Egerland (Westböhmen) verlas der Hochzeitslader vor dem Brauttanz die Namen der verstorbenen Anverwandten des Brautpaares und forderte sie zum Ehrentanz auf. Sagen wissen Leute, welche die Toten mit eigenen Augen beim Mittanzen gesehen haben wollen. Und „da und dort ist es auch heute noch üblich, daß Neuvermählte das Brautbukett zum Grab eines verstorbenen Elternteils bringen".[143]

Über den Zusammenhang zwischen *Eros* und *Thanatos*[144], Liebe und Tod, dieses „weite Feld", und über den ewigen Zyklus der *Regeneration,* der Lebende und Tote zusammenschließt, wäre vieles zu reden. Wieder sind es die Dichter und Dichterinnen, die die richtigen und gültigen Worte finden. Wie die österreichische Lyrikerin (Schauspielerin, Psychotherapeutin) Traute Foresti in ihrem Gedicht „Tod du wirst meine letzte Liebe sein":

„Tod du wirst meine letzte Liebe sein
du wirst mich nehmen und mich nie verlassen
du wirst mich treffen tief ins Innerste hinein
du wirst mich liebend ganz erfassen

Tod du wirst meine letzte Liebe sein
du wirst vermögen was sie hier nicht können
du wirst mich ganz von mir befrein
und alle Dinge wie sie sind benennen

Tod du wirst meine letzte Liebe sein
ich werde mich dir ohne Zögern schenken
in deinem Arm werd ich geborgen sein
und Liebe nichts als Liebe denken"

Und es sind die Kinder, in deren Liedern und Spielen sich das Rätsel um Tod, Eros, Reproduktion zum Kreis schließt. Wie im Kinderreim (wohl „Anzählvers"):

„Up den Karkhof stufft dea Sand,
Dat Sand dat stufft na Engelland,
Von Engelland na Brabant,
Von Brabant na Jumfernstand.
Jumfernstand is ute.
Kriegst eent up de Schnute."[145]

Mit „Engelland" ist ein Aufenthaltsort der „Seelenkeime" gemeint, die (von den Toten auf dem Friedhof herstammend), hier „zwischengelagert", auf Wiederverkörperung in einem weiblichen Schoß warten, was dem „Jumfernstand" ein definitives Ende setzt. Womit sich zugleich auch der Kreis zum Anfang unseres Abschnittes zurück geschlossen hätte: „Aus dem Reiche der Abgeschiedenen kommt die Fülle des Lebens."

E. Stellvertretung

Die leibhafte Präsenz der Toten ist selbst in Gesellschaften, wo zwischen Lebenden und Toten Hausgemeinschaft besteht, oft „rein technisch" nicht immer möglich. Sie würde in vielen Situationen – man denke an das ständige Herumschleppen der Toten (S. 65) – das Leben und damit Überleben der Gemeinschaft (samt ihren Toten!) behindern und verunmöglichen. Wo aber die Lebenden und die Toten „getrennt leben" – man denke an separate Bestattungsplätze (Friedhöfe; S. 83) –, ist leibhafte Präsenz erst recht erschwert und möglicherweise auch nicht erwünscht. In all diesen Fällen gewährleisten Riten, bei denen die Totenseite durch *Stellvertreter* präsent ist (sog. „Stellvertretungs-", „Substitutions-" oder „Repräsentationsriten"), die Interaktion zwischen Lebenden und Toten, wie wir sie bis jetzt beschrieben haben. Und so sind denn bei all unsern bisherigen Beschreibungen immer wieder solche Stellvertreter aufgetaucht, von der Ka-Statue (S. 16) bis zu den maskierten Angehörigen der Männerbünde (S. 100). Wir brauchen uns deshalb hier nicht zu wiederholen und wollen lieber diese Stellvertreter etwas systematisch gliedern und ordnen, neue oder alte in neuen Kontexten vorführen, Vollständigkeit als erstrebtes Ziel aber ausklammern. Bei Interaktionen zwischen Lebenden und Toten finden wir die Toten repräsentiert (unter anderem) durch Teile ihrer selbst nach dem magischen Prinzip *„pars pro toto"* (der Teil ist das Ganze; S. 109), durch lebende *Personen,* durch nichtmenschliche *Lebewesen,* durch bestimmte *Gegenstände* und *Phänomene.*[146]

a. „pars pro toto"

Der *Kopf* als „Haupt" des ganzen Leibes ist auch Hauptvertreter des Toten. Die Eingeborenen der Geelvinkbai an der Nordwestküste Neuguineas lösten (Zeit vor dem Ersten Weltkrieg) bei ihren Verstorbenen den Kopf vom übrigen Körper ab, räucherten ihn und präparierten ihn dann „schön", indem sie ihn mit Ohren und Nase aus Holz versahen und ihm Augen aus Fruchtkernen oder Glasperlen einsetzten. Den so bearbeiteten Schädel bewahrten sie in einem sog. *„Korwar"* auf (einer aus Holz geschnitzten stilisierten menschlichen Ahnenfigur). Er wird „wie eine lebende Person behandelt; er bekommt seine Mahlzeiten, empfängt Besuche der Anverwandten und Bekannten und wird von ersteren um Rat angegangen".[147] Der griechische Historiker Herodot (5. Jh. v. Chr.) notiert in seinen „Historien" über die Issedonen, ein mit den Skythen verwandtes Volk östlich des Ural: Wenn der Vater eines Issedonen stirbt, zerschneiden die Verwandten den Leib des Toten und verzehren sein Fleisch, das sie mit dem Fleisch von geopfertem Kleinvieh vermischt haben (Endokannibalismus; S. 61ff). Den Kopf des Toten enthäuten und reinigen und vergolden sie und behandeln ihn hernach wie ein „Götterbild" *(ágalma)*. Am Todestag beopfert ihn der Sohn zusammen mit den anderen Angehörigen.[148] Kehren wir in etwas nähere Gefilde und Zeiten zurück. Beim Zug der Franken nach Thüringen (zwischen 628 und 638) erkrankte ein Knabe aus dem Gefolge König Dagoberts I. auf den Tod. Da der König zur Weiterreise drängte, riet man, dem Kranken, dessen Tod als sicher galt, das Haupt abzuschneiden und die Leiche zu verbrennen. Dieses (offenbar von thüringischem Bestattungsbrauch angeregte) Verfahren hätte es dem Vater des Knaben ermöglicht, den Kopf des Toten mitzunehmen und später in der Heimat beizusetzen, was mit dem ganzen Leichnam undurchführbar gewesen wäre.[149] Es setzt die Überzeugung voraus, der Kopf könne den (ganzen) Toten rituell vollgültig vertreten.

Auch andere Teile des Toten – Haare, Nägel, Zähne, Wirbel-, Finger-, Fuß-, Schulterknochen, Rippen, Unterkiefer, überhaupt *Knochen* als dauerhafte und „wertbeständige" „Reliquien" – vertreten ihn selbst und landen (etwa in Neuguinea) als „Andenken", Schmuckstücke, Amulette bei seinen Anverwandten (werden auch zu magischen Zwecken, namentlich Fruchtbarkeitszauber, genutzt).[150] Die *Reliquienverehrung* der katholischen Kirche wäre ohne den Grundsatz, daß jede Partikel eines Heiligen der ganze Heilige sei, undenkbar und impraktikabel. Er wurde um 400 durch Victricius von Rouen prägnant formuliert und gilt bis heute: „Ubi est aliquid, ibi totum est – wo ein Teil ist, da ist das Ganze."[151] Daß der Leichenbrand, die Asche, den Toten repräsentiert, braucht eigentlich nicht gesagt zu werden – das kirchliche (katholische wie evangelische) Ritual bei der Urnenbeisetzung könnte man sich andernfalls schenken. Selbst ein *Kontaktgegenstand* des Verstorbenen (beim Heiligen eine „Berührungsreliquie") vertritt seine Stelle. In der Provence (bezeugt noch für 1953) hängt im (Schlaf-)Zimmer der Witwe ein Kleid, das der Verstorbene zu Lebzeiten ausgetragen hat: Präsenz des toten Ehegatten selbst, die die Frau auch von einer Wiederverheiratung (S. 105) abhalten soll.[152]

b. Lebende Personen

Wo lebende Personen die Toten vertreten, erhält die Interaktion und Kommunikation zwischen Lebenden und

Toten einen dramatisch-bewegten, oft komödiantischen „Touch", was seinerseits die Toten belebt und erheitert. Bei der „fröhlichen Totenwache" (S. 22) bestand noch im letzten Jahrhundert in Westfalen folgender Brauch: Eine durchs Los unter den Anwesenden bestimmte (männliche oder weibliche) Person (je nachdem die Leiche männlich oder weiblich war) postierte sich in die Mitte des Raumes, während die andern Anwesenden zu Paaren johlend um sie herumtanzten. Mit einem Mal stürzte die Person zu Boden und stellte sich tot (sog. „Tanzleiche"), worauf die Gesellschaft einen Totengesang anstimmte. War die *Tanzleiche* männlich, gingen alle Frauen, weiblich, alle Männer zu ihr und gaben ihr einen Kuß. Dann fiel die Musik fröhlich ein, der (die) Tote erhob sich, von den andern freudig umtanzt.[153] Bei den West-Tscheremissen (finno-urgische Volksgruppe in Zentralrußland) wurde der vierzigste Tag nach dem Tod eines Gruppenmitglieds mit einem Fest im Trauerhaus der Witwe begangen, der Hergang des Festes (bis in unsre dreißiger Jahre) von Gewährsleuten beschrieben: Das Fest beginnt mit Sonnenuntergang und dauert bis zum Morgengrauen des folgenden Tages. Es wird gegessen, getrunken, getanzt. Gegen Mitternacht ruft plötzlich jemand von der Tür her: „Der Tote kommt!" Es erscheint ein Mann, in Größe und Aussehen dem Toten ähnlich (und deshalb für diese Rolle eigens ausgesucht) und in dessen Kleidern. Er wird von der Witwe umarmt und von ihr und den andern Anwesenden mit dem Namen des Verstorbenen angeredet. Speise und Trank setzt man ihm reichlich vor, auch soll er mittanzen (dabei dreht er sich rechtswendig, also wie die Sonne, in „Lebensrichtung"; S. 182). Der „Tote" berichtet von seinen Jenseitserfahrungen, rät, ihn nicht zu vergessen, Frieden zu halten und fleißig zu arbeiten. Die Anwesenden, besonders die Hausbewohner, bitten ihn um seinen Schutz. Bevor der Morgen anbricht, erschallt von draußen wieder ein Ruf und weckt die von Schlummer und Rausch überwältigte Gesellschaft: „Erwacht, der Morgen dämmert, der Tote will zur Ruhe!" Der „Tote", der vor Tagesgrauen wieder in der Unterwelt sein muß, wo jetzt die Nacht beginnt (vgl. S. 21 u. 55), erhält feierliches Geleit auf die Straße und zur Begräbnisstätte, empfängt zeremonielle Abschiedsgeschenke mit der Mahnung, „nicht ungebeten als Gast wiederzukehren". Dann ist die Feier beendet, der „Tote" seiner Rolle ledig; er zieht wieder die eigenen Kleider an.[154] Auch beim altchinesischen Totenopfer nimmt der Tote durch einen Stellvertreter teil: meist ist dies der eigene Enkel (wofür Friedrich Rückert kongenial die Übersetzung „Totenknabe" vorschlug). Der *Totenknabe* nimmt (statt des Toten) die Opfergaben entgegen und teilt (an seiner Stelle) die Opfermahlzeit mit den Lebenden. Das *Shijing* (das „Buch der Lieder", das weit ins erste vorchristliche Jahrtausend hinabreicht) besingt ein solches Festmahl mit dem Totenknaben:

„Wildenten sind im Strome,
Der Tote (der Enkel und Totenknabe) kommt friedlich zum Fest.
Klar ist dein (des Opferherrn) Wein,
Die Speisen voll Duft.

Der Tote trinkt beim Festmahl,
Dein Glück ist im Entstehn.

Der Tote, was sagt er:
Die Schale war rein.
Heil den Gästen
Mit würdiger Miene.

Die Miene ist würdig,
Die Söhne sind fromm.
Fromme Söhne fort und fort
Werden dir als Gabe."[155]

Später ersetzte man bei den Zeremonien die lebenden Stellvertreter durch hölzerne *Ahnentafeln* (S. 99), wie sie heute noch in Gebrauch sind.

Nicht nur eine einzelne Person kann einen Toten darstellen – auch eine ganze *Menschenmasse.* Wie das? Bei den von Hitler inszenierten Feiern des 9. November zum Gedenken an die „Märtyrer" des Hitler-Putsches (am 8./9. Nov. 1923) war unbestreitbarer liturgischer Höhepunkt der sog. „Letzte Appell": der namentliche Aufruf der toten ersten „Blutzeugen" des „Dritten Reiches" zur „Ewigen Wache" – in ihrer Stellvertretung antwortete die (anwesende) Masse auf jeden einzelnen Namensaufruf mit „Hier!"[156]

Aber es kommt noch abenteuerlicher. Die Körperausscheidung einer einzelnen Person vermag die Ahnen in ihrer Gesamtheit zu repräsentieren. Wenn ein Mann auf Neuguinea sich im Dschungel verirrt und sich ängstigt, streicht er sich mit seiner *Samenflüssigkeit* ein. Denn Samenflüssigkeit (wir wissen es; S. 113) „materialisiert" die Präsenz der Ahnen, ist Essenz ihrer Macht, Konzentrat ihrer Stärke. Das Procedere umgibt den Hoffnungslosen mit ihrem Schutz und verleiht ihm neuen Mut, die kritische Situation zu meistern.

c. Andere Lebewesen

Im alten Griechenland war man geneigt, die *Hausschlangen* als Schutzmächte des Hauses (vgl. S. 93ff) anzusehen, sie irgendwie mit Verstorbenen (der Familie) zu identifizieren, ihnen Milchspenden hinzustellen. Da Schlangen an sich „Milch nicht" sonderlich „zu mögen scheinen", Milch klassische Totennahrung ist (S. 109), legt sich der Schluß nahe, daß die Hausschlangen hier als Vertreter der Totenwelt herhalten müssen, zumal man sie mit dem Erdreich in enge Verbindung bringt. Daß Schlangen hingegen in vielen Kulturen als „Seelentiere" gelten, man also annimmt, die Seele des Menschen könne im Schlaf, Traum, Tod den Körper in Schlangengestalt verlassen (sog. „Exkursionsseele"), ist hinlänglich bekannt.[157] Aber das schlägt in das Gebiet der Seelenvorstellungen, die uns hier nicht eigentlich beschäftigen.

d. Gegenstände

Im 2./3. nachchristlichen Jh. gestaltete sich das Zeremoniell beim Tod eines römischen Kaisers in folgender Weise: Der tote Kaiser erhielt ein doppeltes Begräbnis. Sein Leichnam wurde in prunkvollem, aber „nichtoffiziellem Rahmen" verbrannt und beigesetzt. Ein *Wachsbild* des Kaisers, „dem Toten in allem ähnlich", wurde nach diesem ersten Begräbnis in einem feierlichen, öffentlichen und offiziellen Staatsakt zum Scheiterhaufen überführt und verbrannt. Also zwei Kremationen: die eine, mehr privat und „offiziös", des kaiserlichen Leichnams – die andere, öffentlich und hochoffiziell, des kaiserlichen Wachsbildes. Und weshalb diese Doppelung, bei der offenbar das wächserne Abbild des Toten den Toten selbst vertritt und repräsentiert? Nach antikem Glauben ist ein Sterblicher leibhaftig (mit Leib und Seele) zu den Göttern entrückt worden, wenn sterbliche Überreste von ihm fehlen (fehlendes Grab, leeres Grab, Verbrennung ohne „Rückstände"). Das ist bei der Verbrennung der Wachspuppe des Kaisers und kaiserlichen

Stellvertreterin augenscheinlich; also schließt sich daraus die Himmelfahrt des toten Kaisers aus den Flammen des Scheiterhaufens und somit seine Vergöttlichung (Apotheose). (Einen analogen Schluß zieht die Überlieferung vom leeren Grab Jesu Mk 16, 1–8: weil Jesu Grab leer erfunden wird, also sterbliche Überreste fehlen, muß er von den Toten „auferweckt" und leibhaftig in den Himmel aufgenommen worden sein.) Auch am französischen Hof des 15. bis 17. Jh.s vertritt eine Wachspuppe während der vierzigtägigen (S. 122) Aufbahrungs-, Ausstellungs- und Besuchszeit den toten König. Dieser selbst ruht, schon eingesargt, in einem Nebenraum oder in der *salle d'honneur* direkt unter dem Paradebett, auf dem die königliche Wachspuppe „im vollen Ornat des Lebenden" die Ehren- und Abschiedsbezeugungen seiner Umgebung entgegennimmt. Bei der feierlichen Übertragung der Königsleiche nach Notre Dame und Saint Denis liegt die Königspuppe auf dem Sarg mit dem königlichen Inhalt oder wird getragen (indes dieser Sarg in einem Wagen mitfährt). Der Puppe gelten während der Prozession alle gebührenden Ehren und in der Kirche alle religiösen Zeremonien – bis zur Beisetzung des Königs; dann hat sie ihre Rolle als Stellvertreterin des Toten ausgespielt, und man schafft sie weg.[158] Die Praxis, daß ein Abbild das Abgebildete vollgültig vertritt und darstellt, floriert auch bei Schadenzauber, in Recht und Folklore. Wenn ein Schwarzmagier eine bestimmte Person töten will, dann fertigt er eine Puppe (aus Wachs oder Brot), beschriftet sie mit dem Namen des Opfers und durchsticht sie mit einer Nadel. Den Tod der Person hält er dann für „ausgemacht". Im Jahre 1749 hatten sich drei Anführer eines (leider mißglückten) Aufstandes gegen die Geschlechtertyrannei der sog. „Gnädigen Herren" in Bern durch Flucht retten können. Ihre „Hinrichtung" vollzog sich dennoch nach dem üblichen Zeremoniale – nur daß es mit den „Bildnissen und Namen der drei *in contumatiam* (in Abwesenheit) Verurteilten, so auf Tableaux gemalt waren", vollzogen wurde: der Gerichtsschreiber verlas die Todesurteile, der Großweibel rief den Scharfrichter hervor und übergab ihm die *Bildnisse* (der drei Flüchtigen), die unter gewohnter militärischer Bedeckung zur Richtstätte geschafft, mit dem Beil exekutiert (in Stücke gehauen) und unter dem Hochgericht verscharrt wurden.[159] Der argentinische Schwager des Verfassers erzählte aus seiner Familiengeschichte: Seine Großmutter habe streng darauf gehalten, daß seine Mutter vor der Hochzeit das Bild (Foto) ihres Verlobten abends beim Ausziehen umdrehte (Zeit: Anfang der dreißiger Jahre, Ort: Rosario).

Verbleiben wir noch bei Abbildern, die Tote vertreten. Der Historiker Polybios (2. Jh. v. Chr.) bringt eine einschlägige Beschreibung zum „Ahnenkult" (der patrizischen Geschlechter) im alten Rom. Stirbt ein vornehmer Römer und ist mit den entsprechenden Feiern und Riten beigesetzt worden, „dann stellen sie das Bildnis *(eikón)* des Verstorbenen im vornehmsten Raum des Hauses auf, und zwar in einem tempelartigen Schrein aus Holz. Das Bildnis ist eine Maske *(prósopon)*, die plastisch und farblich ganz naturgetreu den Gesichtszügen des Verstorbenen nachgebildet ist. Diesen Bildschrein öffnen sie an den Staatsfeiertagen und schmücken die Masken ehrerbietig. Jedesmal, wenn ein angesehenes Familienmitglied stirbt, führen sie die Masken im Trauerzug mit, indem sie sie Leuten anlegen, die dem Verstorbenen an Größe und in ihrem sonstigen Äußeren am meisten gleichen. Diese tragen auch ein entsprechendes Gewand … Sie selbst fahren auf Wagen; Rutenbündel, Beile und sonstige Amtsinsignien trägt man ihnen voraus, je nach der

Würde des Ranges, den jeder zu Lebzeiten im Staate bekleidet hatte."[160] Die toten Ahnen (dargestellt und vertreten durch die *Masken* und Maskenträger) holen den „frischverstorbenen" Neuankömmling ihres Geschlechts feierlich in die Totenwelt ein. Manches deutet auf etruskische Provenienz des Rituals hin (vgl. S. 90). Die römischen Masken waren mit Wachs gefertigt. Im alten Mexiko und in der Südsee stellte man Masken aus der Gesichtshälfte des Schädels her.[161] Und das schlägt den Bogen zum Schädel als Repräsentanten des Toten zurück (S. 119f).

Menschengestaltige *Ahnenfiguren* vertreten die Stelle der Toten und übernehmen ihre Funktionen. Wo ihnen noch (als „Luxus") die Schädel der Toten eingefügt wurden (S. 119), sozusagen gleich „doppelt". Aber sie funktionieren schon bei „einfacher Ausführung" als Schnitzbilder. Wenn man die Toten nicht in den Ackerboden eingräbt, um ihn ertragreich zu machen (Leichenzerstückelung; S. 112), tut es auch das Aufstellen von hölzernen Ahnenfiguren auf den Feldern (Neukaledonien).[162] *Grabsteine* und *Rebretter* stehen schon deshalb als Repräsentanten der Toten, weil deren Namen (S. 130) in sie eingeschrieben sind. Und ihre Beischriften sprechen Vorübergehende an, als ob die Toten sprächen (S. 83). Grabsteine „fühlen wie du den Schmerz"; tritt man darauf, weint das Grabbild. Und schießt man mutwillig auf ein Totenbrett, „schaut der Tote drohend dahinter hervor".[163] Und die Inschrift auf der Grabstatue des von Don Giovanni erstochenen Komturs kündet in der Ich-Form des Toten: DELL'EMPIO, CHE MI TRASSE AL PASSO ESTREMO QUI ATTENDO LA VENDETTA (auf Rache warte ich am Frevler hier, der mir das Leben nahm).[164] Die Statue als dieses „Ich" des Ermordeten hat denn ja auch Don Giovanni der gerechten Strafe zugeführt; und mit dieser Gerichtsszene schließt Mozarts Musik und Da Pontes Libretto – der Vorhang fällt, Applaus!

Schlimm sind die Toten dran, die unbestattet von den Ihren sterben mußten: Verschollene, in einem fremden Element Umgekommene (Ertrunkene), in fremdem Land Gefallene. Der Zutritt ins Jenseits ist ihnen verwehrt (im besten Falle dürfen sie dort in einer Art Wartesaal wesen); ruhelos müssen sie auf der Erde schweifen und können den Lebenden gefährlich werden (S. 38). Anstelle eines abwesenden Toten mußte dann etwa ein *Steinblock* treten (sog. „Totenstein"), „an den sich dieselben Vorstellungen hefteten wie an den Toten selbst". Und die anstelle des Toten bestatteten Steine versah man mit Beigaben, „als wären es die Toten selbst, die wohl irgendwo in der Ferne umgekommen sind". Solche Steinbestattungen sind in frühgriechischer Zeit archäologisch gut belegt.[165] Im späteren Griechenland und Rom tat ein Bild des fehlenden Verstorbenen denselben Dienst. Im heutigen Indien verbrennt man ein puppenartiges *Faden-* oder *Blätterbündel* bei der „Leichenfeier eines in fremden Landen Verstorbenen oder eines, dessen Gebeine nicht aufzufinden sind".[166] Bei den Yansi in Zaire dient ein *Horn,* gefüllt mit *Friedhofserde,* zur Vergegenwärtigung des (einige Wochen zuvor verstorbenen und begrabenen) Sippenältesten. Die Friedhofserde wurde nachts (vgl. S. 108) vom Nachfolger (dem neuen Sippenältesten also), nachdem er das Blut einer geopferten Henne über die Gräber aller verstorbenen Klanoberhäupter geträufelt hatte, dort entnommen, „wo er das Haupt des Verstorbenen vermutet", das damit gefüllte Horn mit rotem Stoff umwickelt (rot ist Lebensfarbe und vitalisiert[167]) und ins Dorf gebracht. Die Bewohner sagen, sie hätten ihren Ältesten ins Dorf zurückgeholt. Vor wichtigen Entscheidungen beopfert der amtierende Sippenälteste das Horn und mithin den Vorgänger und holt seine Meinung ein. So herrschen im Dorf zugleich zwei Älteste: ein toter und ein lebender. Die Vernetzung der beiden Sphären und die Kontinuität des Lebens sind sichergestellt.[168]

e. Phänomene

Der *Name* ist ein individuelles Kennzeichen und identifiziert ein Individuum (vgl. S. 128). Für das magische Weltbild und weit darüber hinaus besteht ein wesenhafter Zusammenhang zwischen Namen und Namensträger: Wer den Namen kennt, hat Macht über den, der ihn führt.[169] Das ist die Weisheit des Märchens vom Rumpelstilzchen („ach, wie gut ist, daß niemand weiß, daß ich Rumpelstilzchen heiß!").[170] Wer den „toten Namen" ausspricht, zitiert damit den Toten herbei oder hat ihn auf geheimnisvolle Weise präsent oder beunruhigt ihn zumindest in seinem jenseitigen Dasein. Deshalb hüten sich die Apachen und Navaho-Indianer, den Namen eines Verstorbenen „weiterhin zu nennen".[171] Deshalb nennen ihn gerade die Wadschagga (Afrika) bei jeder Gelegenheit, bei welcher der Genannte, wäre er noch am Leben, mit den Seinen zusammensäße (etwa zu gemeinsamem Essen), um ihn so immer noch bei sich zu haben.[172] Im alten Ägypten heißt ein Sprichwort: „Wessen Name ausgesprochen wird, der lebt." Eine Statue mit Namensinschrift, gestiftet von einem wohlwollenden Nachkommen, läßt den Namen des verstorbenen Begünstigten, damit ihn selbst, leben (vgl. S. 30). Umgekehrt: jemandes Namen aus einer Inschrift tilgen (sog. *„damnatio memoriae"*) heißt seinen Träger im Jenseits annihilieren – eine nicht nur im alten Ägypten vielfach angedrohte und verhängte schreckliche Strafe des zweiten, endgültigen Todes (S. 38).[173]

Nach Klosterbrauch pflegt während dreißig Tagen am Platz eines verstorbenen Mitbruders beim Essen eine Kerze zu brennen und sein Essen den Armen gespendet zu werden. Die *brennende Kerze* vertritt den Toten und „simuliert" zugleich seine Anwesenheit (daß hier obendrein die Armen den Toten vertreten, indem sie seine Speisen verzehren, rangiert unter „Stellvertretung durch lebende Personen" S. 121ff).[174] Und in den „Räbeliechtli-Umzüg" der Ostschweizer Jugend am Allerheiligenabend melden sich die Toten für Allerseelen zu Besuch an (S. 87). Räbeliechtli sind von den Schulkindern ausgehöhlte und mit Ornamenten beschnitzte rundliche weiße Rüben, in denen Kerzen brennen. Sie werden mittels Schnüren an langen Stecken befestigt und von der Dorf- oder Quartierjugend in (einigermaßen) geordnetem Zug durch die dämmrigen oder nächtigen Straßen und Gassen getragen. Ein prächtiger Anblick, an den sich der Verfasser – selbst ehemaliger Aushöhler, Schnitzer und Lichtträger – gern zurückerinnert. Auch der Gaumen kommt bei diesen Anlässen nicht zu kurz; denn die ausgehöhlte und weggeschnitzte Rübenmasse verschwindet in den Mäulern der eifrigen jungen Künstler. So nähren die Toten die Lebenden aus ihrer eigenen Substanz: aus Früchten des Erdreichs, zu dem sie geworden sind (vgl. S. 111ff)!

F. Vorläufiger Abschied

Gerade in Gemeinschaften, wo die Interaktion zwischen Lebenden und Toten intakt funktioniert, wo die Bereiche der Lebenden und der Toten ständig aufeinander bezogen bleiben und einander überhaupt ermöglichen, bedeutet jeder Tod eine Katastrophe. Schon dadurch, daß in kleinen traditionellen Gruppen kein Mitglied entbehrlich ist und sein Ausfall das Überleben aller gefährdet, damit auch die personale Weiterexistenz der „jenseitigen Hälfte" der Gemeinschaft – ihrer Toten. Noch schlimmer wird die Katastrophe, wenn der „chief" einer solchen Gruppe ausfällt (vgl. S. 129/130). Aber nicht genug! Durch den Einbruch von Krankheit und körperlichem Verfall in den Lebensbereich der Lebenden ist eine Bresche gerissen, durch die „Exosphärisches" ungehindert einströmt und das Gleichgewicht der Sphären destabilisiert. Und schließlich trachtet der Tote selbst nach Schicksalsgemeinschaft; wo ihm Hausgemeinschaft mit den Lebenden oder Totenfolge der Lebenden (S. 65ff u. 72ff) versagt bleibt, versucht er, Angehörige in sein Totendasein nachzuholen, was zu einem „Schneeballeffekt" unberechenbaren Ausmaßes mit verheerenden Folgen für die Gesamtgemeinschaft (zu einer selbstzerstörerischen Kette von Todesfällen) führen müßte. Das alles fordert der Gemeinschaft einen extra-ordinären *rituellen Aufwand* ab. Dieser rituelle Aufwand ist darauf aus:

- die Trauer in geordnete Bahnen zu lenken, so daß sie sich nicht gegen das Leben selbst kehrt;
- dem Toten (oder seiner Seele) den Weg in die „Anderwelt" zu erleichtern und zu ermöglichen, denn nur wer nach den geltenden Regeln verabschiedet und bestattet wird, gelangt dorthin;
- den Toten gleichzeitig für sein neues Dasein zu vitalisieren (etwa durch die „fröhliche Totenwache"; S. 122), andererseits seinen devitalisierten Zustand solidarisch zu teilen (durch Trauergestus und -habitus; S. 81);
- dem Toten die beliebige Wiederkehr zu verlegen, um den – lebenswichtigen – Kontakt mit ihm auf bestimmte zeremonielle Anlässe (etwa Totenopfer, Totenbesuchsfeste; S. 89ff) einzugrenzen;

- (nach der Bestattung) das angeschlagene Leben der Zurückgebliebenen wieder „aufzupowern", damit sich die Balance der Sphären wiederherstellt und das Leben weitergeht.

In Gesellschaften, wo der Leichnam als *unrein* gilt, weil durch ihn die (exosphärische) Macht von Verfall und Zerstörung in die „heile" Binnenwelt einströmt, sind es vor allem die *Frauen*, die den Leichnam umsorgen (Totenklage, Waschen und Herrichten des Toten, ständige Präsenz im Sterbezimmer). Denn auch sie gelten durch die „regelmäßige" Manifestation dieser Macht an ihrem Körper (Menstruation, Geburt und Wochenbett) als „unrein" und für den Umgang mit Unreinheit am besten geeignet. Die folgende Darstellung des „vorläufigen Abschieds" gliedert sich nach den Hauptschauplätzen. Zahl und Reihenfolge der einzelnen Phasen erheben keinen Anspruch auf Verbindlichkeit: vieles mag vertauscht werden, vieles läuft synchron ab, vieles wiederholt sich und wird hier nicht wiederholt (nicht wiederholt wird auch das, was in diesem Buch andernorts zum Thema schon zur Sprache kam).[175] Nachmals sei darauf hingewiesen (S. 26ff u. 115), daß Feuerbestattung weder das Abschiedszeremoniell grundlegend ändert noch die fortdauernde Interaktion zwischen Lebenden und Toten beeinträchtigt.[176]

a. Sterbehaus

Ist ein Mensch auf den Tod krank, so versuchen in China die Angehörigen, seine Seele im Körper zurückzuhalten. Zu diesem Behuf laufen sie im ganzen Haus herum, „um die davonfliegende Seele zu fangen". Stundenlang hallen ihre Schreie durch Haus und Dorf:

„Komm zurück! Komm zurück!" Nützt das nichts, werden Fenster und Türen verbarrikadiert, Schüsse abgefeuert, Knallkörper abgebrannt, um die Seele ins Haus zu bannen.[177] Lu Xun, der Begründer der modernen chinesischen Prosaliteratur und Schüler Masareels, erinnert sich 1926 in einer kurzen Erzählung („Die Krankheit meines Vaters") an sein lautes eigenes Geschrei am Sterbelager des Vaters und dessen letzte Worte: „Was ist? … Nicht schreien … nicht …" Solche sog. *„Seelenrufe"* im Munde von Schamanen sind uns schon aus dem alten China (3. Jh. v. Chr.) überkommen:

„Seele, kehre zurück!
Du kannst nicht im Osten verweilen …
Seele, kehre zurück!
Du kannst nicht im Süden verweilen …
Seele kehre zurück!
Der Westen ist voller Gefahren …
Seele, kehre zurück!
Du kannst nicht im Norden verweilen …
Steig nicht zum Himmel empor! …
Seele, kehre zurück!
Steig nicht ins Land des Dunkels hinunter! …
Seele, kehre zurück!
Du eilst dort ins Verderben.
Seele, kehre zurück!
Tritt ein durch die Tore der Stadt!
Hier warten die Priester, sie rufen dich;
sie schreiten rückwärts durchs Tor …
Mit schrillen Schreien rufen wir dich.
Seele, kehre zurück!
Kehre zurück in deine Heimat!"[178]

So wie die genannten Priester „rückwärts durchs Tor" schreiten, so soll auch die Seele rückwärts, zurück in den Leib des Todkranken kehren und ihn genesen lassen.

Wenn nichts den Tod aufzuhalten vermag, trifft man Anstalt, dem Sterbenden das Sterben zu erleichtern. Universal verbreitet scheint der Brauch, Sterbende auf den *Erdboden* zu legen, den man gelegentlich noch mit einer Schütte von Stroh oder Spänen bestreut.[179] Dieser Brauch darf als *contrarius actus* (magische Handlung, die eine andere „umkehrt") zum Adoptionsritus angesehen werden: Ein Neugeborenes ist erst dann als lebendes menschliches Wesen und Mitglied der Gemeinschaft anerkannt, wenn der Vater es vom Erdboden (wo man es hinlegte) aufgehoben und in die Arme genommen hat.[180] So kehrt der Sterbende in den Schoß der Erde zurück, woraus alles Leben entspringt und worein alles Leben wieder eingehen muß.

Spätestens bei Eintritt des Todes *öffnen* die Angehörigen das *Fenster* des Sterbezimmers, um so der „freien" Seele des Toten ungehinderten Ausgang zu verschaffen. In Schlesien weiß man zu berichten, daß einmal unterlassen wurde, bei einem Todesfall gleich die Fenster zu öffnen, wonach man am andern Morgen eine Rauchwolke (Epiphanie der „gefangenen" Seele) im Zimmer vorfand.[181] Bei ihrem Ausziehen aus dem Leib „wäscht sich" die Seele. Wasser, Element der Trennung, Auflösung, Reinigung und Regeneration (vgl. S. 23), löst die Seele von ihren alten Bindungen an den Leib, erneuert und belebt sie. Deshalb stellt man (im germanischen und slawischen Kulturbereich) ein Gefäß mit *Wasser* unter das Sterbebett, schüttet nach Eintritt des Todes auch das Weihwasser in den Zimmern und das Waschwasser in der Küche aus, denn des Verstorbenen „Seele ist darüber gekommen". Dem vitalisierenden Kontakt des Toten mit

Wasser dient auch die spätere Leichenwäsche (der sog. „letzte Liebesdienst"), wofür traditionellerweise das weibliche Geschlecht (meist die Leichenfrau; vgl. S. 133) zuständig war.[182] Sind im Sterbezimmer *Spiegel* vorhanden, so *verhängt* man sie mit einem Tuch (in der Schweiz noch 1975 bei Juden üblich; der Ritus ist aber nicht spezifisch jüdisch, sondern weit verbreitet).[183] Das Spiegelbild firmiert nämlich weltweit als Erscheinungsbild der Seele (sog. „Spiegelseele").[184] Denn es führt dem Betrachter die eigene, sonst unsichtbare Seele sichtbar vor Augen. Verständlich die Befürchtung, der anwesende Tote könnte sich dieser sichtbar gewordenen Seele bemächtigen und damit ihren Besitzer nachholen. Kommt hinzu, daß das Spiegelbild alles seitenverkehrt, also eine „verkehrte Welt" abbildet. Das aber ist die Totenwelt (S. 110). Das unverhängte Spiegelbild reflektierte den Betrachter (oder nur schon den Vorübergehenden oder Anwesenden) zusammen mit dem Toten in einer verkehrten Welt, und das wäre gleichbedeutend mit Verfallensein an die „Anderwelt": Tod.

Gleich nach dem Ableben *drückte* bei den alten Nordgermanen der Sohn dem Toten die *Augen zu* und verhüllte ihm das Haupt. Diese „Totenhilfe" mußte von hinten erfolgen, damit der Helfer nicht ins Blickfeld des Toten geriet, der ihn sich „ausersehen" und womöglich nachgeholt hätte.[185] Das Schließen der toten Augen geschieht aber auch deshalb, weil sich die Seele nach uraltem Glauben noch während dreier Tage (vgl. S. 67) in der Nähe des Leichnams aufhalten kann[186] und man verhindern will, daß sie (durch die offenen Augen) wieder in den aufgebahrten Körper zurückkehrt und ihn unheilvoll belebt. Das zu verhindern, dienen auch die zu Häupten des Toten angezündeten *Kerzen* kraft der generell dämonenabwehrenden Eigenschaft von Feuer und

Licht (S. 42). Dies neben dem Leichnam brennende „Totenlicht" manifestiert aber zugleich die noch anwesende Lebenskraft (oder Seele) des Verstorbenen. Und es immobilisiert (durch eben seine apotropäische Qualität) den Leichnam für die Zeit, die er unbeerdigt auf der Oberwelt weilt und darum noch als (relativ) beweglich angesehen wird (sog. „lebender Leichnam").[187] Das Beispiel der brennenden Kerzen demonstriert, wie sich an einen Sachverhalt ganz verschiedene religiös-magische Vorstellungen knüpfen und wie mehrdeutig Riten sein können (S. 81f), wenn sie nicht von ihren verschiedenen religiös-magischen Kontexten her erschlossen werden. Es demonstriert aber auch, wie „praktisch" rituelle Mehrdeutigkeit ist, weil sie unter Umständen durch *einen* Ritus *mehrere* (sogar konträre) „Bedarfsfelder abdeckt".

Eine wichtige Rolle kommt dem *Blumenschmuck* im Totenzimmer und dann auch auf dem Grab (S. 85) zu. Blumen, Symbole des „blühenden Lebens", vitalisieren den Toten. Deshalb sind die Veilchen- und Rosentage (*Violaria* im März, *Rosaria* im Mai) des römischen Festkalenders Totengedenktage mit Blumenspenden an den Gräbern.[188] Die geradezu rührende und (bis jetzt) früheste Bezeugung von Blumenschmuck eines Totenlagers bescherten uns mittelsteinzeitliche Neandertaler: Die Untersuchung einer Grabgrube in einer (Wohn-)Höhle (S. 67) im südlichen Kurdistan (Shanidar, Iraq) ergab, daß der Verstorbene auf einer Lage von siebenerlei Blumen, darunter Malven, Lichtnelken, Traubenhyazinthen, bestattet wurde. Der Tote war – ein Krüppel (infolge unterentwickelter Schulterpartie und amputiertem rechtem Arm).[189] Das hinterläßt Zweifel, ob die „Evolution" durch das Aussterben des Neandertalers und das Überleben des Homo sapiens sapiens (wir!) nicht doch schief gelaufen sei! Andere rituelle Methoden, den Toten zu vitalisieren, sind: Bekleiden der Leiche mit einem roten Totengewand (Indien, Griechenland, Rom), Auftragen von roter Farbe auf die Backen des Toten („noch vor kurzer Zeit" im Vintschgau).[190] Vitalisierung der Toten mit *Rot* – Lebensfarbe (S. 129) – reicht (wobei wir jetzt die rekreativen Rituale mit Blut ausklammern; S. 81) von steinzeitlichen Ockerbeigaben bis zum „painting", der in den USA heute üblichen Leichenkosmetik, wie sie Evelyn Waugh in seinem Roman „The Loved One" (deutsch „Tod in Hollywood") beschreibt und die den Toten, vor allem sein Gesicht, so herrichtet, wie man ihn zu Lebzeiten gekannt hat, nämlich „in buoyant life" – blühend lebendig.

Wo immer es üblich ist, die Leiche frisch *einzukleiden,* oft sogar (wie es ein Schweizer Bestattungsbeamter ausdrückte) „mit dem Sonntagskleid anzuziehen"[191], wird man sich davor hüten, dem Verstorbenen Sachen anzulegen, die nicht von ihm selbst, sondern von andern getragen wurden, mögen sie noch so neu und gut sein: Ihr ehemaliger Träger würde ins Grab nachgezogen.[192] Denn wer den Teil (Kleid) hat (der Tote), dem gehört das Ganze (Träger) – *„pars pro toto"* (S. 119).

Um dem Toten die Lust an Umgehen, Wiederkehr, Nachholen zu verleiden, immobilisiert man ihn durch magische oder tatsächliche Fesselung. *Leichenfesselung* kennen alte Hochkulturen (Ägypten[193], Perú[194]), traditionelle Gesellschaften (Hottentotten, Ugren[195]) und europäisches Brauchtum bis in die Jetztzeit (1936/1937).[196] Von eigentlicher Fesselung wird man sprechen dürfen, wenn der Tote aufs Rebrett (S. 84) festgebunden wird. Magische Fesselung liegt vor, wo die großen Zehen mit rotem Wollgarn zusammengebunden sind: Rot ist eine apotropäische Farbe und Wolle „in der Magie wichtig".[197] Schwanken mag man in der Interpretation, wenn

Fäden oder Strohhalme die Füße oder großen Zehen zusammenhalten. Die Fesselung der Füße können Handfesseln mit einem Tuch oder einer Schnur ergänzen. Manchmal besteht Vorschrift, die Fesseln vor der Bestattung wieder zu lösen (wie im Fall der Rebretter unumgänglich), da bei Trauerprozession und Bestattung andere und zusätzliche „Mechanismen" die Beweglichkeit des Toten ohnehin behindern oder unterbinden. Ein Messer oder eine Axt, auf die Beine des Toten gelegt, tut denselben Dienst wie die Fessel.[198]

In Gemeinschaften, auf die sich unsre Beschreibungen beziehen, ist die *Klage* um den Toten (bei Eintritt des Todes und später, am Grabe) streng stilisiert, was die überbordenden Emotionen kanalisiert, ohne die individuelle Trauer zu beeinträchtigen. Oft handelt sich's um einen rhythmischen, durch eine Art Refrain strophisch gegliederten Singsang, wie ihn der Verfasser in einem Trauerhaus auf den Äolischen Inseln (in den sechziger Jahren) und auf dem mittäglich stillen und verlassenen Friedhof von Palma de Mallorca (Ende der achtziger Jahre) gehört hat. Neben dem Ausdruck persönlicher Trauer und Betroffenheit, die in die große Frage nach dem „Warum?" mündet, und der Vergegenwärtigung der guten Eigenschaften und Taten des Verstorbenen, die ihn auch postmortal auf ähnliches Wohlverhalten festlegen will, dürfte das exorzistisch-apotropäische Moment der Lärmentfaltung (Lärm bannt bekanntlich Geister und Tote; S. 133/134) für die Totenklage konstitutiv sein.[199] Der gelehrte Adam Olearius, Mitglied der „Fruchtbringenden Gesellschaft", vermerkt in seiner 1656 erschienenen „Moskowitischen und Persischen Reise" (er reiste als Sekretär einer Gesandtschaft, übrigens zusammen mit dem Liederdichter Paul Fleming als Expeditionsarzt, über Rußland nach Persien und zurück): „Was die Leichenbegängnisse der Russen anlangt, so geschehen dieselben, wie alle ihre öffentlichen Handlungen, mit vielen Zeremonien. So jemand stirbt, kommen die nächsten Freunde zusammen und helfen einander wie die Weiber überlaut heulen und schreien, stehen um die Leiche herum und fragen, warum er doch gestorben, ob er an Nahrung, Essen und Trinken, Kleidung und dergleichen Mangel gehabt, ob ihm sein Weib nicht gut, nicht jung, nicht schön, nicht treu genug gewesen und was der Dinge mehr. Solche Klage wiederholen sie auch am Grabe, wenn der Mann hineingescharrt werden soll."[200] Der Wortlaut dieser russischen Totenklage entspricht übrigens fast haargenau dem hundert Jahre früher von Jan Malecki (S. 22) mitgeteilten, was die strenge Stilgebundenheit der Gattung (s.o.) illustriert. Die ausgeschrienen rhetorischen Fragen an den Verstorbenen implizieren eine beschwichtigende Antwort seinerseits (Nahrung, Kleidung, Frau usw. seien o.k. gewesen), die seine Hinterbliebenen vom notorisch schlechten Gewissen, das jeden Todesfall zu begleiten pflegt, entlastet. Bei den Ugren im Ob-Gebiet (Sibirien) richten die Hinterbliebenen regelrechte Fragen an den Toten nach der Ursache seines Ablebens (welches sie nie für ein „natürliches" Phänomen halten; vgl. S. 45): „Auf wen bist du böse geworden? Vielleicht warst du mit deiner Frau unzufrieden? Vielleicht bist du von uns gegangen, weil du mit deinen Kindern unzufrieden warst?" Und so geht die Fragerei fort: Die Anwesenden fragen der Reihe nach, ob sie selber Ursache des Todes gewesen seien oder abwesende Bekannte, die mit dem Verstorbenen unzufrieden waren, oder eben er selbst durch Meineid, Nichteinhaltung eines Versprechens, das er irgendeinem Geist gegeben habe, oder durch Wassertrinken aus einem heiligen See, Bäumefällen in einem geheiligten Wald. Meist gibt der Tote *seine eigene* Schuld bei der Aufzählung eines Vergehens der zweiten Kategorie durch ein bestimmtes, von den Umstehenden zu ihren Gunsten gedeutetes „Zeichen" zu erkennen.[201] Auch hier zur Beruhigung ihres schlechten Gewissens!

b. Trauerprozession

Fast universal ist die Sitte zu nennen, den Leichnam nicht durch die gewöhnliche Hausöffnung (Haustür) ins Freie auf seinen Weg zum Ort der Bestattung zu schaffen, sondern durch eine eigens zu diesem Zweck *in die Wand geschlagene Bresche,* die nachher sofort wieder vermacht wird (Europa mit Arktis, Asien, Afrika).[202] So verlegt man dem Toten eine unerwünschte Rückkehr in sein Haus; denn es ist ein Gesetz der Geister, an den einmal benützen Weg gebunden zu sein. Wird die Leiche durch die Tür entfernt, „legt man an die Innenseite der Schwelle ein Messer oder eine Axt" (vgl. S. 139) und erhofft sich den gleichen Erfolg.[203] Auch das Einschlagen eines Nagels in die Schwelle (vgl. S. 68) läßt den Toten nicht mehr über die Schwelle ins Haus: „Vernageln" bannt.[204]

Ob der Tote mit den *Füßen* oder mit dem *Kopf voran* aus dem Haus und zum Friedhof zu bringen sei, darüber streiten sich die Geister, erhitzen sich die Gemüter (und schwanken die Auskünfte der Gewährsleute). Im Jahr 1719 gruben Leute in der Nähe von Trebnitz (Schlesien) einen Leichnam wieder aus, weil man ihn „ärschlich" (fußvoran) aus dem Dorf getragen hatte, brachte ihn ebenso („ärschlich") ins Dorf zurück und trug in nochmals, jetzt „richtig" (kopfvoran), zu Grabe; er hätte sonst, so die Befürchtung, das ganze Dorf nachgeholt.[205] Beide Varianten „machen Sinn": Der einen geht es darum, daß der Tote nicht mehr zu seinem Haus zurückblicken und deshalb nicht mehr wiederkehren kann, der andern darum, daß der Tote nochmals zu seinem Haus zurückblicken darf und deshalb nicht vom Heimweh wieder zurückgetrieben wird. Diese (kopfvoran) war (1909) in Schlesien, jene (fußvoran) ist (1976) in Paraguay allgemein Brauch.[206] Ist der Leichnam „aus dem Hause", sollen *Türen* und *Fenster geschlossen* werden. Auch das Verrammeln von Türen und Fensterläden längs der Route, die der Trauerzug nimmt, konnte der Verfasser im Kanton Tessin selber beobachten. Aus Nordthüringen ist (1913) die Sitte aufgezeichnet, dem Toten einen Eimer Wasser (Element der Trennung; S. 135) nachzuschütten, wenn der Sarg über die Grenze des Hofs getragen wird. Und sobald bei den grönländischen Eskimos die Leiche aus dem Zelt geschleift ist, zündet eine Frau einen Kienspan an (apotropäische Kraft des Feuers; S. 136), schwenkt ihn hin und her und sagt dazu: „Hier ist nichts mehr zu holen!"[207]

Um dem Toten den Heimweg zu erschweren, legen die Letten Straßen und Wege, die die Leichenprozession zu nehmen sich anschickt, mit Ästen von *Taxus* (Eibe) aus – giftiges Nadelgewächs, das als „dämonenverscheuchend" im Totenbrauch eine bedeutende Rolle spielt. Die Bantu im Kongogebiet („Kongoneger") streuen auf den Pfad vom Haus zum Grab *Dornen* – die Dornen würden dem wiederkehrenden Toten die nackten Fußsohlen zerstechen und gelten auch sonst (in Europa besonders der Weißdorn) als Schutz gegen alles Böse (vgl. S. 84/85).[208] Verwischen der Fußspuren (des Trauergeleits) mit einem Zweig, Überschreiten von wassergefüllten Gruben (s. o.) auf dem Hin- und Rückweg zum und vom Grab schneiden im alten Indien dem Toten eine Rückkehr ab. Dasselbe tut ein Stein oder eine Erdscholle, von einer Grenze genommen und auf dem Prozessionsweg niedergelegt: Stein und Scholle, weil (durch den Herkunftsort) mit der Kraft des Abgrenzens begabt, setzen eine Trennmarke zwischen die Lebenden und den Toten.[209] Außerhalb der streng ritualisierten und zeitlich genau fixierten Formen von Kommunikation mit den Lebenden (etwa Totenbesuchsfeste, Ahnenopfer; S. 113 u. 130) gilt ab jetzt für den Toten: „Bis hierher und nicht weiter!"

c. Grab

Damit der Tote den Weg ins Jenseits findet und dort auch Einlaß erhält und sich zurechtfindet (und nicht wiederkehrt), sind ihm im alten Ägypten (vgl. S. 107) genaue Beschreibungen der Unterweltstopographie, -bewohner, -fauna (und -flora) mit ins Grab gegeben worden (sog. „Unterweltsbücher").[210] In der griechischen Welt dienten ab dem 6. Jh. v. Chr. sog. „orphische Goldplättchen" dem Toten „als Wegweiser und Erkennungsschein", der ihm an strengen Wächtern vorbei den Übertritt in die Anderwelt sichert.[211] Solche *„Totenpässe"* sah auch der russisch-orthodoxe Bestattungsritus vor, wie ihn uns Olearius in seiner „Moskowitischen und Persischen Reise" (S. 139) mitteilt. Ein solcher Paß, vom Patriarchen in Moskau, an andern Orten von den Metropoliten und Erzbischöfen oder in ihrer Ermangelung von den ansässigen Popen gegen Gebühr ausgefertigt, unterschrieben und versiegelt und vor dem Verschließen des Sarges dem Leichnam vom Geistlichen zwischen zwei Finger gesteckt, lautete:

„Wir, X Y, Bischof und Priester allhier zu Z, bekennen und bezeugen hiermit, daß dieser gegenwärtige A bei uns als ein rechter griechischer Christ gelebt, und obwohl er bisweilen gesündigt, hat er doch seine Sünden gebeichtet, die Lossprechung und das heilige Abendmahl zur Vergebung seiner Sünden empfangen. Er hat auch Gott und seine Heiligen recht geehrt, gefastet und gebetet, wie sich's gebührt; hat sich auch mit mir, als seinem Beichtvater, in allem wohl verglichen, daß ich ihm seine Sünden gänzlich vergeben habe. Darum haben wir ihm diesen Paß mitgegeben, daß er ihn dem heiligen Petrus und andern Heiligen zeige, damit er zur Tür der Freude ungehindert eingelassen werden möge."[212]

Auf daß es dem Toten im Grab wohl sei und ihn keine Lust ankomme, zu wandeln, malen die Ugren der mittleren Ob-Gegend (Sibirien) auf das *untere* Brett des Grabes Sonne und Mond und einen Vogel.[213] Weil das Jenseits eine „verkehrte Welt" (S. 136) und folglich oben unten ist, kreisen dort Sonne und Mond und fliegen Vögel „unten"; so braucht der Tote keine Sehnsucht nach Sonne und Mond auf der Oberwelt zu haben, und seine „Seele" (als Vogel vorgestellt) kann ihn nicht verlassen und auf der Oberwelt schweifen und bleibt bei ihm im Grab. Auch *Spiel-* und *Arbeitstherapie* hält den Toten im Grab fest. Bei den genannten Ugren folgen dem Toten seine Puppen nach, mit denen er als Kind spielte und die „das ganze Leben hindurch aufbewahrt werden" müssen. Sie kommen neben ihn in den Sarg zu liegen. Der Tod ist eine Art Neugeburt, da braucht er sie wieder; und das Jenseits eine verkehrte Welt, da läuft die Zeit rückwärts wieder der Kindheit zu. Ferner soll man den Toten (gilt für Mittel- und Westeuropa) dadurch beschäftigen, daß man ihm ein Beutelchen mit *Mohnkörnern* zum Zählen oder ein Netz zum Auf- und Zuknoten zusteckt.[214] Der Mohn stellt ihn durch seine narkotische Wirkung (Opium!) ruhig (so daß er mit Zählen nie an ein Ende kommt). Knoten aber binden und hemmen ihn magisch: Seine „Arbeit" kommt nicht richtig vom Fleck, und durch das Zuknüpfen behindert er sich selbst immer von neuem.

Den *Grabstein* als Stellvertreter des Toten lernten wir schon kennen (S. 128f). Der Stein über dem Grab dient auch als „Seelensitz", nämlich dazu, daß sich wegen seiner Dauerhaftigkeit die „Seele" des Toten ebenso dauerhaft in ihm verkörpern oder auf ihm niederlassen und mit den Lebenden (in den dafür vorgesehenen Kommunikationsformen; S. 143) austauschen kann.[215] In erster Linie aber soll der schwere Grabstein den Toten immobilisieren und im Grab festhalten.[216] Daß der Grabstein auch und gerade diese Funktion hat, erhellt schon daraus, daß Tote, deren Wiederkehr besonders unerwünscht und gefürchtet ist, überreichlich mit Steinen „eingedeckt" werden.[217] Das Rügische Landrecht des Matth. Norman, 1525–31, bestimmt über einen, der sich „mutwillig" ertränkt hat, das Gericht zu halten (S. 45f). Dann „begräbt man ihn außerhalb des Hofes auf einem Berg (schließt ihn also aus der Friedensgemeinschaft auf dem Friedhof und damit aus der Gemeinschaft aus; vgl. S. 97) und setzt ihm drei Steine, den einen auf das Haupt, den andern auf den Leib, und den dritten auf die Füße."[218] Manch protziger Marmorschmuck auf heutigen deutschen Friedhöfen legt die Vermutung nahe, die ihn aufgestellt hätten, seien noch von andern Gefühlen als von bloßer Pietät geleitet gewesen!

Die *Umhegung* der Gräber mit *Taxus-* und *Weißdornhecken* (S. 142) soll die Toten in ihrer Bewegungsfreiheit einschränken und ist mehr als bloße Friedhofs-Gartenarchitektur. Und damit nicht genug, werden die umhegten Gräber insgesamt noch durch die *Friedhofsmauer* selber umhegt, die den Bereich, innerhalb dessen den Toten (wenigstens nächtliche) Bewegungsfreiheit zusteht, unübersehbar umschließt. Und selbst die Friedhofstore sichern den umfriedeten Raum vor unerwünschten Grenzüberschreitungen. Eine mit Gittern bedeckte Grube außen am Eingang des Kirchhofs, „Gätteri" oder Beinbrecher genannt, schützt die Toten vor dem Eindringen streunenden Viehs, die Lebenden vor dem Ausbrechen streunender Toter.[219]

d. „Leidmahl" – und danach

Die „tödliche" Minderung des Lebens, die eine Gemeinschaft durch Krankheit und Tod eines ihrer Mitglieder erfahren hatte, wurde durch die (korrekte) Bestattung zwar gestoppt, die Bresche, durch die Unheil und Verfall ins Leben einströmen konnten, notdürftig gestopft; der Tote war unter dem Boden und jedenfalls auf den Weg ins Jenseits gebracht. Jetzt galt es, das angeschlagene und abgeschlaffte Leben wieder „anzutörnen". Das gelingt nur durch eine künstliche, rituell regulierte und zeitlich begrenzte, *Übersteigerung* aller Lebensfunktionen und -beziehungen: durch ausgiebiges Zechen, Saufen, Tanzen (oft auch sexuelle Entschränkung – Orgie).

In unsern Zeiten und Breiten wird daraus das *„Leidmahl"*. Und es trägt seinen Namen insofern zu Unrecht, als es auch hier erstaunlich fröhlich, ja geradezu ausgelassen zu- und hergeht. Auch getanzt wurde bei dieser Gelegenheit. Gottfried Keller hat im zweiten Teil seines „Grünen Heinrich" ein ländliches „Leichenmahl" im Kanton Zürich des vorigen Jahrhunderts geschildert. Nach einem zweistündigen Essen, wobei die Trauergesellschaft immer munterer wurde, hob plötzlich Musik an, sieben Paare führten einen alten, zeremoniellen und figurenreichen Tanz auf; unversehens ging die Musik „in einen lustigen Hopser über, die Älteren zogen sich zurück und die Jugend brauste jauchzend und stampfend über den dröhnenden Boden hin ... Es wurde Wein gebracht und in allerhand Dachwinkeln kleine Trinkstätten hergestellt, und bald verschmolz alles in *einen* rauschenden und tobenden Wirbel der Lust ... Mit dem ersten Tone der Abendglocke aber stand auf einmal der Tanz still mitten in einem Walzer, die Paare ließen ihre Hände fahren, die Mädchen wanden sich aus den Armen der Tänzer, und alles eilte, sich ehrbar begrüßend, die Treppe hinunter, setzte sich noch einmal hin, um Kaffee und Kuchen zu genießen und dann ruhig nach Hause zu gehen."

Das Leben geht, revitalisiert, weiter. Aber damit es weitergehen kann, ist es allgemein verpönt, dem Toten über das Maß *„nachzuweinen"*. Unkontrollierte Trauer bindet das neuerwachte Leben allzusehr an den Toten und den Toten an die Lebenden zurück, läßt ihn im Grab keine Ruhe finden, nicht ins Jenseits gelangen oder treibt ihn aus dem Jenseits zurück ins Diesseits – zum tödlichen Schaden der nachweinenden Lebenden (S. 29). Märchen, Folklore, religiöse Überlieferung und Dichtung verschiedenster Kulturen warnen eindringlich davor, den Verstorbenen zu sehr und zu lange „nachzuweinen". Im Märchen erscheint einer untröstlichen Mutter ihr totes Kind und klagt, es könne im Sarg nicht einschlafen, „denn mein Totenhemdchen wird nicht trocken von deinen Tränen, die alle darauf fallen". Oder das tote Kind erscheint mit einem Krüglein, mit dem es sich ständig herumzuplagen habe, und das sei schwer von all den Tränen, die man immerfort seinetwegen vergieße.[220] In Adalbert Stifters kleiner Erzählung „Der Tod einer Jungfrau" überbringt ein Engel der gramgebeugten, weinenden und klagenden Mutter Botschaft von ihrer Tochter im Jenseits: Schmerz mache den Menschen besser und reiner und sei ein schönes Opfer, das man Gott bringen könne, und sie solle ihn *haben* als ein Kleinod ihrer Seele und ihres Heils; aber sie dürfe sich ihm nicht *überlassen* und gänzlich *hingeben*, das mische Trauer in die Seligkeit ihrer Tochter im Himmel. Das mittelpersische „Buch des *Arda Viraz*", ein den Zoroastriern noch heute heiliger Text, verbietet das „Jammern und Klagen und Weinen" „hinter den Abgeschiedenen her" als „ungesetzlich" *(adādīhā)*: Die Tränen der Hinterbliebenen im Diesseits bilden im Jenseits einen Strom, den die Seelen der Verstorbenen überqueren müssen und nicht können, wenn „nach ihrem Hinscheiden viel Jammern und Klagen und Weinen gemacht wurden"; „die leichter hindurchkommen, sind solche, für die es im geringerem Maß getan wurde".[221] Unter Lafcadio Hearns „Geschichten und Bildern aus Japan" (seiner Wahlheimat), die unter dem Titel „Kwaidan" erschienen sind, ist eine („Die Nonne im Tempel des Amida"), die erzählt von einer untröstlichen Mutter, die auf den Gedanken verfiel, den toten Sohn durch einen Priester, der die Beschwörungen kennt, für eine kurze Zeit zur Wiederkehr zu zwingen. Zu dieser Totenbeschwörung wird das „Sterbetäfelchen" (Ahnentafel; S. 124) des Toten (als sein Stellvertreter und Seelensitz) benötigt; und durch den Mund des Beschwörungspriesters spricht alsobald der Tote, dessen „Geist" von seinem Medium Besitz ergriffen hat. Er sagte: „Es ist nicht recht, die Toten zu betrauern! Ihr stiller Weg führt über den Strom der Tränen, und wenn Mütter weinen, dann schwillt die Flut im Strom an, und die Seele kann nicht hinüber, sondern muß ruhelos hin und her wandern! Deshalb bitte ich dich, gräme dich nicht, liebste Mutter mein! Gib mir nur manchmal etwas Wasser!" Drastisch, aber weise, „bringt es" ein Sanskritsprichwort „auf den Punkt": „Weil der Tote *(preta)* wider Willen Speichel (Schleim) und Tränen genießt, welche die Verwandten von sich geben, darum soll nicht geweint, sondern sollen die Totenopfer nach Vermögen vollzogen werden."[222] Und das heißt doch: Das Leben kann nur weitergehen, Leben kann überhaupt nur gelingen, wenn das Leben mit den Toten strenger ritueller Kontrolle unterliegt („manchmal etwas Wasser", „Totenopfer nach Vermögen"); wenn aber diese Barriere vom freien Fluß der Emotionen weggeschwemmt wird, gewinnen die Toten Übermacht über das Leben – und das wäre dann letztlich der Toten und des Lebens Tod. Solches lehren uns „unisono" die Botschaft des Engels, des „Totenhemdchens", des „Tränenkrügleins", des „Tränenstroms" und der Rotz-und-Wasser-Formel.

Die rituell ausbalancierte Ökonomie der Emotionen im Umgang der Lebenden mit den Toten zeigt sich auch im *Totengedenken*, das sich hier im zeitlichen und sachlichen Anschluß an das Leidmahl thematisch am besten anfügt. Im alten Indien wird dem Verstorbenen ein Jahr lang in regelmäßigen Abständen von den dazu verpflichteten Nachkommen ein persönliches „Einzeltotenopfer" dargebracht. Während dieser Zeit weilt der Verstorbene als Gespenst (*preta:* „Dahingegangener"; S. 148) noch in der Nähe der Lebenden – wenn auch durch magische Vorkehren (wie S. 138ff beschrieben) von ihrem Bereich getrennt. Erst nach Ablauf eines Jahres ist er durch die Opferspenden (Reisklöße, narkotisches Getränk) ausreichend gestärkt und „aufgebaut", um als Ahnengeist (*pitar:* „Vater") in die jenseitige Welt eingehen zu können. Ab jetzt erhält er keine persönlichen Zuwendungen mehr, sondern zusammen mit den andern „Vätern" der Familie (nur noch) „Kollektivtotenopfer" (vgl. S. 113). Alle zehn oder zwölf Jahre hielten die Stämme der Huronen ihre berühmte große Totenfeier ab. Die Überreste der in der Zwischenzeit verstorbenen Mitglieder ihres

Volkes wurden dazu ausgegraben oder von den Gerüsten gehoben (provisorische Erd- oder Luftbestattung) und mit Pelzen umhüllt und geschmückt, dann nach Ossossane an der Nottawassaga-Bay (Huronsee) überführt, in der großen Versammlungshütte aufgehängt, wo sich die Lebenden unter sie zum Leichenmahl zusammensetzten. Am nächsten Tag geleitete ein langer Trauerzug die Toten zu ihrer letzten gemeinsamen Ruhestätte. Jeder einzelne Tote ward dabei namentlich genannt, seiner Eigenschaften und Taten Erwähnung getan, bevor man die Leichenbündel ins Massengrab bettete. Die Klagelaute der Hinterbliebenen beim Zuwerfen der Grube haben weiße Augenzeugen nicht ohne Bewegung beschreiben können.[223] Im „katholischen Raum" gelten der siebte und der dreißigste Tag nach der Beerdigung dem besonderen Gedächtnis („Sterbegedächtnis") des Verstorbenen und dann der Jahrestag (die „Jahrzeit") seines Todes („Jahresgedächtnis"): für diese Gedächnistage sind „Seelämter" für den Verstorbenen vorgesehen. Weitere Seelämter stehen im Belieben der Hinterbliebenen.[224] Sonst aber geht sein Andenken ein in das allgemeine Totengedenken an den Totenbesuchsfesten der Allerseelen- und Weihnachtszeit (S. 86f). So „schleichen sich" – rituell dosiert – die Toten mählich aus dem Leben der Lebenden „aus", *damit* das Leben weitergehen kann – und bleiben doch den Lebenden und dem Leben so nahe verbunden, *daß* das Leben weitergehen kann.

IV. Ausgrenzung und Reintegration

Nun bedeutet zwar jeder Tod in Gesellschaften und für Mentalitäten, über die hier gehandelt wird, eine Katastrophe; und kein Tod gilt als „natürlich" in unserem Sinne (S. 131 u. 141). Aber der Tod hat doch im normalen Lebensaufriß seinen „natürlichen Ort", nämlich da, wo der Mensch „alt und lebenssatt" im Kreise seiner Nachkommen stirbt. Und da ist er immer auch absehbar und durch (wenn auch außergewöhnlichen) rituellen Aufwand zu bewältigen. Das Begräbnis und das Zeremoniell in seinem Umkreis balancieren das durch einen solchen Tod gestörte Gleichgewicht zwischen den zwei „Hälften" der Solidargemeinschaft (den Lebenden und den Toten) wieder aus und schaffen die Bedingungen für personale Beziehungen zwischen dem Verstorbenen und seinen Hinterbliebenen. Anders verhält es sich durch den Tod außerhalb des normalen Lebensaufrisses, den sog. *„schlimmen"* oder *„unseligen"* Tod: den Tod in der *Ferne,* zur *Unzeit,* durch *Gewalteinwirkung.* Diese drei unglücklichen Todesarten sind oft miteinander vernetzt (Tod in der Ferne ist oft gewaltsamer unzeitiger Tod, gewaltsamer Tod meist auch unzeitig, unzeitiger vielfach gewaltsam). Schlimme Todesarten hinterlassen bei den Betroffenen Rachegefühle, unausgelebte Sehnsüchte und Kräfte, die sie nach dem Tod umtreiben und die Lebenden als krankmachende Totengeister, unholdische *Wiedergänger,* verderbliche *Vampire* schädigen und in ihr gemeinschaftsfeindliches Totendasein mithineinziehen lassen (vgl. S. 33 u. 38). Solche Tote sind aus der Solidargemeinschaft zwischen Lebenden und Toten gefallen, zu Un-Personen geworden. Die Gemeinschaft muß sich vor ihnen schützen: nebst den schon bei der Bestattung praktizierten und erprobten Distanzierungsmaßnahmen – mit dem ganzen Arsenal von Abwehrmitteln gegen dämonische Behaftung aus der Zauberoffizin (Salz, Salzwasser, Knoblauch u. a.). Je nach ihrer Gefährlichkeit für die Lebenden auch mit aggressiveren Verfahren: Immobilisierung der toten Schädiger durch Verpfählen im Grab, „umgekehrte Bestattung" (der Leiche wird der abgetrennte Kopf mit dem Gesicht nach unten zwischen die Beine gelegt), „nasses Begräbnis" (S. 59), so daß postmortale Beweglichkeit und Aktion ausgeschlossen (zumindest erschwert) sind. Oder mit Totalannihilation (Vierteilen, Rädern, Verbrennen und Verstreuen der Asche), was ihren zweiten, endgültigen Tod bedeutet. Wo es möglich scheint, wird eine Gemeinschaft auch versuchen, solche unselige Tote durch *integrative* Rituale oder Handlungen wieder in ihren Frieden einzugliedern (zu „erlösen"): etwa durch Rückführung eines in der Ferne Verstorbenen in den Sippenfriedhof, durch (nachträgliche) Erfüllung eines einem Toten geschuldeten oder vom Toten geschuldeten Versprechens (vgl. S. 43 u. 48f), durch Rächung eines Getöteten. Wo für solche, die einen schlimmen Tod erleiden mußten und mit der Gemeinschaft unversöhnt bleiben, doch ein jenseitiger Aufenthaltsort vorgesehen ist, fällt er an „Lebensqualität" gegenüber den Residenzen ordentlicher Toter beträchtlich ab. Im übrigen sind die Leichen und Leichenteile von Opfern eines schlimmen Todes allezeit begehrte Zauberrequisiten gewesen: Die in ihnen aufgestauten und unausagierten Wünsche und Kräfte lassen sich von Kundigen besonders gut für Zauberzwecke (Heilung, Orakel, Beschwörung) gebrauchen und mißbrauchen.[1] Doch das ist hier (vgl. S. 109) nicht unser Thema. Auch was zu unserm Thema (schlimmer Tod, schädigende Tote, zweiter Tod, Erlösung) im Zusammenhang der vorigen Kapitel schon anklang, bleibt im folgenden unwiederholt.[2]

A. Der schlimme Tod

a. Der ferne Tod

Im Unterschied zur eigenen Lebenswelt (worein auch die in ihr Verstorbenen miteinbezogen sind) ist in der Weltanschauung traditioneller (geschlossener) Gesellschaften die *Fremde* tödliche Un-Welt. In ihr hausen wilde Tiere, dämonische Wesen – und wenn Menschen, dann Barbaren mit verkehrten Sitten und unverständlicher Sprache, eigentlich gar keine „Menschen". Wer sich in ihr verirrt und umkommt, wird Teil dieser chaotischen Fremd- und Nichtwelt, selber dämonisch infiziert und behaftet, selber Un-Mensch. Jedenfalls ist er aus dem Lebensbereich der eigenen Gemeinschaft gefallen und hat an ihr auch als Toter keinen Anteil mehr. Wird bei den sibirischen Tschuktschen (einem der sog. „kleinen Völker des Nordens") ein Jäger auf einer Eisscholle abgetrieben und kehrt bis zur Ankunft des Packeises mit Winterbeginn nicht zurück, so sind für ihn Begräbniszeremonien abzuhalten, seine Frau wird Witwe und wiederverheiratet. Überlebt der Verschollene und findet nach diesem Termin wider Erwarten zur Gemeinschaft zurück, so muß er (von seinen nächsten Verwandten) umgebracht werden (ebenso jeder und jede, die mit ihm freundschaftlich umgehen sollten). Denn er ist für seine Gemeinschaft ein wiederkehrender Toter geworden, ein fellbewachsenes, unmenschliches Ungeheuer, ein *Teryky.* Und nur sein nochmaliger und endgültiger Tod befreit die Gemeinschaft von ihm (und erlöst ihn von sich selbst). Juri Rytchëu, selber ein Tschuktsche, überliefert uns das Schicksal eines solchen „Heimkehrers", der, zum Teryky geworden, durch die Hand seiner eigenen Brüder fällt, in einer ergreifenden gleichnamigen Erzählung („Der Teryky", erschienen 1980) aus seiner Heimat im fernen sibirischen Nordosten.

Nicht nur ist der in der Fremde Umgekommene mit dem Miasma der fremden Unwelt infiziert. Meist fehlt ihm, zumal wenn er sich in der Wildnis verirrt hatte, ein Grab. *Unbegrabene* aber, das universal verbreitete Überzeugung, können nicht (oder nur unter erschwerten Bedingungen) in die jenseitige Anderwelt eingehen. Sie müssen sich ruhelos auf der Oberwelt herumtreiben und (da ihnen ja keine Verpflegung durch die Angehörigen zukommt) als Hungergespenster von Abfällen und menschlichen Ausscheidungen ernähren (S. 38), werden infolgedessen bösartig und ergreifen als pathogene Totengeister (die in alten akkadischen Beschwörungstexten mit einem sumerischen Lehnwort *edimmu* heißen) von Lebenden Besitz und saugen an deren Lebenskraft.[3] Hundert Jahre müssen nach der Unterweltsschilderung im berühmten 6. Buch von Vergils „Aeneis" die Seelen der Unbegrabenen warten, ehe sie der Unterweltsfährmann Charon über den Unterweltsstrom ins Totenreich „überholt"; nur Bestatteten steht die sofortige Überfahrt zu.[4] Ist Unbestatteten also der Weg ins Jenseits ganz verwehrt oder erschwert, so ergeht es einem in der Fremde Umgekommen selbst dann nicht besser, wenn er dort mitleidige (oder vorsichtige!) Barbaren fand, die seinen Leichnam beisetzten. Denn die Art, wie Barbaren mit ihren verdrehten Sitten (S. 153) ihre Toten behandeln, ist nicht die heimische; und allein *die,* weil einzig korrekt, hätte den Zutritt in die heimische Totenwelt (damit in die heimische Gemeinschaft der Lebenden und der Toten) eröffnet.

Gelegentlich machen sich einem Reisenden in fremdem Land tote Landsleute bemerkbar und bitten um Hilfe. So passierte es dem neupythagoreischen Guru und Zeitgenossen Jesu, Apollonios von Tyana, auf seinem Indientrip. Bei seinem Durchzug durch parthisches Gebiet erreichte ihn ein Traumbild. Von den Persern nach Medien deportierte und dort begrabene griechische „Volksgenossen", so lautete die dringliche Traumbotschaft, flehen ihn an, sich ihrer Grabstätten annehmen zu wollen. Der hochsensitive Weise ändert seine Route, findet die Gräber, stellt sie wieder her, faßt sie neu ein, gießt Trankopfer aus und legt Grabspenden nieder, „soviel es der Brauch *(nómima)* ist", gemeint: wie es das heimische – griechische – Ritual bestimmt. Dann zieht er seines Wegs.[5] Wo es die Umstände erlauben, ist eine Gemeinschaft darauf bedacht, in der Fremde Verstorbene in den heimischen Sippenfriedhof zu überführen. Wo das technisch unmöglich ist, errichtet sie ihm ein *Leergrab (Kenotaph)* auf heimischem Boden.[6] So bleibt sein Name unvergessen und er in die Gemeinschaft integriert (vgl. S. 130). Ein römisches Leergrab, das ein dankbarer Herr seinem in der Ferne verstorbenen und begrabenen Sklaven Domesticus in Tusculum (heute Frascati) errichtet hat, läßt den Begünstigten also anheben und sprechen:

„Leer ist dies Grabdenkmal, es hat unser Herr mir gewidmet,
daß ich das Dach seines Heims / schaue, das mir so nah,
daß er mit eigener Hand auch Wein und Blumen mir reiche,

auch eine Träne mir weint, / was mir noch höher an Wert."[7]

Die Langobarden pflegten einem in der Fremde Gestorbenen auf dem heimatlichen Gräberfeld (bei Pavia) eine Stange aufzustellen, die eine hölzerne Taube trug. Diese „Grabtaube" blickte in Richtung des fernen Grabes und hatte die in Taubengestalt vorgestellte Seele (sog. „Seelenvogel"; S. 144) des entfernten Toten herbeizulocken, sich auf ihr niederzulassen.[8] War heimatlicher Boden vom Feind bedroht, schien es geraten, besonders wichtige Gräber prophylaktisch zu evakuieren, damit sie bei kriegerischem Gebietsverlust nicht in Feindesland zu liegen kämen. So geschehen mit den sterblichen Überresten des Generalfeldmarschalls und Reichspräsidenten Paul v. Hindenburg, die, als die russische Front näherrückte, aus dem Tannenberg-Nationaldenkmal (wo sie seit 1934 ruhten) entfernt, nach Marburg verbracht und dort 1945 im nördlichen Seitenschiff der Elisabeth-Kirche beigesetzt wurden.

Dem Tod in der Fremde kommt der *im fremden Element,* der Ertrinkungstod im *Wasser,* mit den für den Betroffenen katastrophalen Folgen gleich. Denn falls das Element den Ertrunkenen nicht wieder hergibt, bedeutet diese Todesart Umkommen ohne ordentliche Bestattung (S. 154). In der isländischen Saga- und Märchenüberlieferung kehren unbestattete Ertrunkene als Wiedergänger (vgl. S. 39/40) zurück und drangsalieren die Hinterbliebenen: Sie plündern die Vorratskammer ihrer Hausfrau, trocknen nachts unter Hausfriedensbruch ihre nassen Kleider am Herdfeuer und müssen durch richterlichen Spruch regelrecht des von ihnen heimgesuchten Hauses verwiesen werden.[9] An der Goldküste (Ghana) glaubt man, die Seelen von Ertrunkenen würden im Seelenland

„Sramandzi" trauern und sich an den Angehörigen für das fehlende Begräbnis rächen. Darum verfertigt man für jemand, der in den Wellen umkam, einen kleinen Sarg, füllt ihn mit persönlichem Besitztum des Ertrunkenen („Kontaktgegenstände", die ihn selbst vertreten; S. 119) und beerdigt ihn mit den gewöhnlichen Bestattungsriten. So ist dem Toten, dessen Leichnam unauffindbar blieb, „ein irdischer Ruheplatz geboten, zu dem wenigstens die Seele, wenn schon nicht der Körper, jederzeit zurückkehren kann."[10]

Im alten Ägypten ist Ertrinken, gewissermaßen „gegen die Regel", kein schlimmes, sondern ein seliges Todeslos. Der (die) Ertrunkene wird „gepriesen" geheißen nach einem altägyptischen Wort (𓎛𓋴𓊃𓇌: hochgeschätzt, von den Göttern ausgezeichnet), das die Griechen mit *„hesies"* wiedergaben.[11] Diese ägyptische „Spezialität" erklärt sich daraus, daß, wer ertrinkt, sein Geschick mit dem des Erdgottes Osiris (vgl. S. 112) teilt, der ertrinken muß (Nilschwemme), um wieder zu vollem, neuen Leben zu erwachen (Wachsen der Saat). Und indem er (sie) des Gottes Schicksal teilt, wird er (sie) selber vergöttlicht.

b. Der unzeitige Tod

Der normale Tod hat im Lebensaufriß nicht nur seinen richtigen *Ort* (auf heimischem Boden „im Kreise der Nachkommen"), sondern auch seine richtige *Zeit* („alt und lebenssatt"). Tod *vor* der richtigen Zeit, *unzeitiger Tod,* hat immer etwas Beschwerendes. In den Betroffenen verursacht er Ressentiments und Neid gegenüber den Lebenden (die ihr „Lebenssoll" erfüllen), aber auch Schuldgefühle (ihre „Lebensaufgaben" nicht erfüllt zu haben). Diese Gefühle können in Lebensgier und Haß ausmünden und für die Gemeinschaft verderbliche Formen annehmen (z. B. bei Tod vor der Hochzeit; S. 30ff) und sie zwingen, ihre Träger unschädlich zu machen, wo Prophylaxe oder Ersatzriten (z. B. Totenhochzeit) nicht greifen. Das erträglichste postmortale Los für unzeitig Verstorbene ist noch dieses, daß sie mit dem Guottisheer (der gespenstischen Nachtschar der Toten; S. 64) so lange umfahren müßten, bis sie ihr natürliches Sterbealter erreicht hätten. Der Luzerner Stadtschreiber Cysat gibt diesen Volksglauben seiner Zeit (16. Jh.) so wieder: Die Seelen der Menschen „die vor der rechten zyt vnd stund, die jnen zuo dem end jres lebens gesetzt, verscheiden vnd nit deß rechten natürlichen tods gestorben wärent", die „müesstend nun erst nach jrem tod vff erden allso wandlen bis sy dieselbige stund nachmalen erreichtend".[12] Dem aus dem antiken Griechenland auf uns gekommenen geflügelten Wort, daß jung sterbe, „wen die Götter lieben", ist jedenfalls auf dem eben skizzierten Hintergrund mit einiger Skepsis zu begegnen. Es trifft allerdings – aber mit erheblichen Einschränkungen – auf zwei der gleich vorzustellenden Gattungen „Unzeitiger" zu.

Besonders bei zwei Arten von unzeitigem Tod verhält sich die Gemeinschaft ambivalent: zum Tod an einer *Geburt* oder im *Wochenbett* und zum Tod auf dem *Schlachtfeld*. Letzterer könnte auch zur dritten unseligen Todesart geschlagen werden (gewaltsamer Tod); beiden unzeitig Gestorbenen gemeinsam ist aber, daß sie in Betätigung einer Kardinalfunktion zum Erhalt ihrer Gruppe (Reproduktion, Schutz) umkamen, was die widersprüchlichen Reaktionen dieser Gruppe auf ihr verfrühtes Ableben erklärt. In Indien, Hinterindien, überhaupt Südostasien fürchtet man Geister von Frauen, die an der Geburt oder im Kindbett den Tod fanden. Sie suchen aus Neid Geschlechtsgenossinnen in Kindsnöten zu töten, stellen ihnen während der Menstruation oder

Schwangerschaft nach. In Indien *Curails (Churels)* geheißen, verführen sie auch in Gestalt duftend gewandeter Frauen, die allerdings an ihren rückwärts gebogenen Füßen als Tote zu erkennen gewesen wären (verkehrte Welt; S. 18 u. 136), junge Männer, um sie dann zu entmannen, oder verschleppen sie und geben sie erst wieder frei, wenn sie alt und gebrechlich geworden sind. Verläuft eine Geburt tödlich, wird das Kind aus dem Leib der Mutter geschnitten. Die Leichen von Mutter und Kind verbrennt man separat auf den gegenüberliegenden Seiten eines Flusses; da Geister Wasser nicht zu überschreiten vermögen (S. 142) und die Mutter nur mit ihrem Kind vereint zur Unholdin wird, ist damit ihr unheilbringendes Schweifen unterbunden. Wo man sie nicht verbrennt, begräbt man die Leichen solcher Frauen, die Geburt oder Wochenbett nicht überleben, mit dem Gesicht nach unten (wodurch sie ans Erdreich fixiert bleiben), bindet sie mit Stricken zusammen, schlägt ihnen Nägel in die Glieder, damit sie nicht umgehen. Und wenn es eine doch tut, hat man vorgesorgt: Zwischen Grab und ehemaliger Wohnstatt sind Sesamkörner gestreut, die liest sie auf dem „Heimweg" zusammen, der dadurch länger andauert, so daß sie, vom ersten Hahnenschrei überrascht, wieder ins Grab zurück muß, ohne ihr Ziel erreicht zu haben.[13] Bei den Azteken und den Eskimos und andernorts rangieren Frauen, die im Kindbett starben, gerade umgekehrt, unter den vornehmsten Toten: Wie gefallene Krieger oder umgekommene Walfischfänger gehen sie „zur Sonne" oder in „das herrliche Land unter der Erde" oder sonst in einen privilegierten Ort des Jenseits.[14]

Bischof Burchard von Worms (gest. 1025) hat im 19. Buch seiner Sammlung kirchlicher Dekrete ein Buß- und Beichtbuch überliefert, das der deutschen volkskirchlichen Beichtpraxis entstammt („Deutsches Bußbuch"). Unter den Beichtfragen, die bestimmte von der Kirche mißbilligte (damalige) Praktiken ansprechen (und mit entsprechender Kirchenbuße belegen), bezieht sich eine auch auf volkstümlichen („heidnischen") Umgang mit den Leichen von Mutter und Kind, Opfern einer Geburt mit letalem Ausgang: „Tatest du, was gewisse Frauen voll teuflischer Vermessenheit zu tun pflegen? Wenn eine Frau gebären muß und nicht kann und, wenn sie nicht kann, an eben dieser Pein stirbt, heften sie Mutter und Kind in ihrem gemeinsamen Gab mit einem Pfahl an die Erde."[15] Man kann versuchen, eine tote Wöchnerin „ersatzzubefriedigen" (vgl. S. 31): Indem man ihr eine Puppe aus Lumpen in den Arm mitgibt, hofft man, daß sie ihr lebendes Kind nicht besucht oder nachholt.[16] Andererseits ist der nächtliche Besuch bei ihrem Kind erwünscht und von den Angehörigen dadurch befördert, daß man ihr ins Grab solides Schuhwerk anzieht (S. 95), das ihr erlaubt, ihr weinendes und durstiges Kind zu „geschweigen".[17]

Tote Wöchnerinnen sind nicht nur wegen ihrer Neigung zu Wiedergängerei gefürchtet, sondern auch deshalb, weil Frauen während ihres Wochenbettes als „unrein" gelten (S. 133) und diese Unreinheit mit ins Grab nehmen, das dadurch „infektiös" wirkt. Um tote Bewohner und lebende Besucher des Friedhofs vor „unheiliger" Ansteckung zu schützen, legte man ihre Gräber abseits (etwa an die Umfassungsmauer) oder zäunte sie (etwa mit Gitterwerk) ein. Plazierte man das Grab einer Wöchnerin unter die Dachtraufe der Kirche (S. 57), ja, fielen davon nur einige Tropfen auf eine tote Wöchnerin, die man dort vorübertrug, so wurde sie durch das „geweihte" Wasser von ihrer „Unreinheit" erlöst.[18]

Im *Soldatentod* auf dem „Feld der Ehre" kumulieren gleich drei schlimme Todesarten: der unzeitige Tod (denn der Krieger stirbt nicht „alt und lebenssatt"), der (noch zu besprechende) gewaltsame Tod (S. 158) und oft auch der ferne Tod in der Fremde (und ohne Grab). Das sind denkbar schlechte Voraussetzungen für einen ehrenvollen Platz, überhaupt für einen Platz, im Jenseits; dafür aber denkbar „gute" für ruheloses und den Lebenden gefährliches Umherschweifen auf der Oberwelt. Um Menschen von diesem postmortalen Elend zu bewahren, muß man sich schon Tricks einfallen lassen. Indem man wie im alten Israel einen frisch verheirateten jungen Mann vorläufig nicht zum Kriegsdienst aufbietet und ihn erst einmal für das Reproduktionsgeschäft freistellt (S. 31). Oder indem man wie bei australischen Aborigines einem im Kampf gefallenen Mitstreiter ins Ohr flüstert, er solle im Jenseits sagen, daß er eines „natürlichen" Todes gestorben sei.[19] Der tödliche Kontakt des Gefallenen mit der feindlichen Fremd- und Unwelt (S. 153) wiegt für die Gemeinschaft so schwer, daß es ihr auch schwerfällt, die Tatsache dagegen aufzurechnen, daß sein Tod ja zu ihrem Schutz und Überleben diente. Letztere Sicht kann allerdings in gewissen Kulturen überwiegen. Bei den Azteken gehen gefallene Krieger und tote Kindbetterinnen „zur Sonne" (S. 159). Und im altindischen Epos mit seiner heldischen Grundstimmung dringen nur zwei durch die Sonnenscheibe in den Bereich des Brahma: der Yogi „und der im Kampf mit vorwärtsgewendetem (dem Feind zugekehrtem) Gesicht Getötete".[20] Im kriegerischen Sparta erachtete man anscheinend überhaupt nur die im Krieg Gefallenen *(en polémo)*, die Priesterinnen und die verstorbenen Wöchnerinnen *(en lécho)* einer Grabinschrift für würdig.[21]

Bei den Völkern Indonesiens begräbt man Gefallene nicht oder dann an einsamem Platz ohne übliches Zeremoniell, die Grabstelle wird unkenntlich gemacht. Nur ganz Tapfere erhalten in ihrem Dorf ein „symbolisches Begräbnis" (Leergrab: S. 155), „weil man die Seelen dieser Männer für die Gemeinschaft behalten will"; so brauchen sie nicht umherzuirren. Auch kann man versuchen, die Seele eines Gefallenen ins Dorf „zurückzurufen" (vgl. S. 133f: Seelenrufe). Gelingt es der Gemeinschaft, den Toten zu rächen, liegt er ruhig und kann ins Totenreich eingehen. Besonders schlimm dran ist der Gefallene, dem der Feind den Kopf abgejagt hat: der sog. „Geschnellte" (von holländisch *gesnelde*). Geschnellte laufen ohne Kopf herum „und jammern über den Schmerz, den ihnen die Wunde verursacht" (sie können „mit dem Hals sprechen"). Sie locken Menschen im Dschungel in die Irre, fallen jeden an, der ihnen begegnet, verzehren ihre Opfer. Wo ihnen ein Jenseits zugebilligt wird, ist es ein unangenehmer Ort, an dem es immer blitzt. Begräbt man ausnahmsweise den Leichnam eines Geschnellten doch und ersetzt den fehlenden Kopf durch eine Kokosnuß, geht er ins normale Totenland ein.[22]

Im Kampf gefallene Soldaten neigen überall auf der Welt zu Wiedergängerei und Spuk – auch in unsern Breiten. Das verrät die besonders große Lärmentfaltung beim Soldatenbegräbnis: die über dem Grab abgeschossenen Salven der Ehrenkompanie, die Hornsignale, „der letzte Zapfenstreich". Lärmentfaltung erschreckt und bannt Tote und paralysiert ihre Beweglichkeit (S. 139), denn die Toten sind ja die „Stillen" (vgl. S. 82).[23] Auf ehemaligen Schlachtfeldern ist es nicht „geheuer": Hier müssen die Gefallenen (nächtlicherweise oder am Jahrestag der Schlacht) ihren Tod zwanghaft wiederholen („Geisterschlacht").[24] Unter Wiederholungszwang leiden auch die kampftoten Helden der germanischen Mythologie. Mögen sie in Odins himmlischer Walhall Bier nach Belieben trinken und sich bei ihren Gelagen von Walküren bedienen lassen dürfen, sie bringen ihre (öden!) Jenseitstage mit unaufhörlichen Einzelkämpfen durch, und wenn sie dabei fallen, stehen sie immer wieder unversehrt auf.[25] Nach einem Volksglauben, wie ihn uns der Luzerner Chronist Cysat für die frühe Neuzeit überliefert (S. 157), sieht man unter die nächtliche Totenschar des Guottisheeres auch die eingereiht, die „ettwan von waffen vmbkommen", und auch die Art angezeigt, „wie sy jr leben verloren". Sie alle müssen ihre Verwundungen so lange an sich herumtragen, bis die Zeit abgelaufen ist, nach der sie eines „natürlichen" Todes gestorben wären. Das alles hindert die Regisseure der Macht und ihre gefügigen geistigen Handlanger nicht, den schlimmen Tod des Soldaten zu verklären. Walter Flex scheut sich nicht, in seinen „Versen und Gedanken aus dem Feld" („Vom großen Abendmahl") die Völkerschlachten des ersten Weltkriegs zum heiligen Altarsakrament zu pervertieren:

„Zum Altar ward das Feld der Völkerschlacht.
Aus deutschem Blut ist Christi Wein bereitet,
und in dem Blut der Reinsten wirkt die Macht
des Herrn, der durch die heil'ge Wandlung schreitet!"

Und das tote feldgraue „Kanonenfutter" salbt er zu jenseitiger Schutzwacht und heimlichem Königtum über das deutsche Volk:

„Ihr toten deutschen Soldaten,
grau endlos ziehende Schar,
wie leuchten von Leiden und Taten
die Stirnen euch bleich und klar!
...
Gott schart euch zu grauen Heeren
und setzt euch zu Wächtern der Zeit

am hellen Brunnquell der Ehren,
am dunklen Brünnlein Leid.
...
Ihr heiligen grauen Reihen
geht unter Wolken des Ruhms
und tragt die blutigen Weihen
des heimlichen Königtums!"

c. *Der gewaltsame Tod*

Im normalen Lebensaufriß hat der Tod nicht nur seinen richtigen Ort („im Kreise der Nachkommen") und seine richtige Zeit („alt und lebenssatt"), sondern damit auch die richtige *Art und Weise:* er schließt *gewaltsamen Tod* (durch Unfall, Mord, Selbstmord u.a.) a limine aus. Gewaltsamer Tod gibt Anteil an den Kräften des Unheils, die über das „Opfer" und in die Gemeinschaft einbrechen. Wer eines gewaltsamen Todes stirbt, findet lange keine Grabesruhe. Die Seelen gewaltsam zu Tode Gekommener spuken an den Stätten des Geschehens, indem sie es wie unter Zwang wiederholen, gerade so, als müßten sie das traumatisierende Erlebnis „abreagieren".[26] Gewaltsam Getötete verfolgen ihre Mörder; müssen so lange, mit den körperlichen Stigmen ihres gewaltsamen Todes (Todeswunden) behaftet, umgehen, bis ihre Lebenszeit „voll" wird(S. 162). Sie können durch Gebetshilfe oder durch die Liebestat einer „reinen Jungfrau" Erlösung finden. Im (vor-)alpenländischen Raum stellt man noch heute am Ort eines gewaltsamen Todes ein „Marterl" auf: ein bemaltes Holzbrettchen mit Schilderung des Unglückshergangs in (oft drastischem) Reimwort und Bild und der (ausgesprochenen oder unausgesprochenen) Bitte an die Vorübergehenden, der „armen Seele" zu gedenken.[27] In Oscar Wildes Erzählung „Das

Gespenst von Canterville" erlöst ein unschuldiges Mädchen (Virginia) das Gespenst des auf entsetzliche Weise getöteten und spukenden Schloßherrn durch ihre liebevolle Teilnahme an den Schrecknissen seines Endes und verschafft ihm ein nachträgliches Begräbnis auf dem Friedhof.

Für den gewaltsamen Tod spielt die Kategorie der persönlichen, *subjektiven* „Schuld" im modernen forensischen Sinne keine Rolle. Er ist vielmehr ein *objektives* Verhängnis über den Betroffenen und seine Gemeinschaft und läßt ihn (erst einmal) aus dieser Gemeinschaft hinausfallen (die allerdings versuchen kann, ihn durch integrative Veranstaltungen zurückzuholen; s.o.). Wie wenig die „Schuldfrage" für ein Verständnis des gewaltsamen Todes austrägt, mögen zwei Geschichten belegen. Nach der Sage vom Mord am Bergüner Stein (Kanton Graubünden) von 1672 wollte ein Jüngling seine Braut loswerden und stieß sie kurzerhand in den Abgrund. Die Getötete mußte nun umgehen, und man hörte ihr Wehgeschrei.[28] Nach unserm Empfinden hätte die „Strafe" den Mörder treffen müssen, seine Braut war ja „schuldlos"! Nach der isländischen Saga von Grettir aus den ersten Jahrzehnten des 14. Jhs brachte ein böser Geist *(mein-vættr)* einen Schafhirten namens Glam um. Obwohl man den gewaltsam Getöteten, der sich nicht von der Stelle bewegen ließ, unter einem Steinhügel (S. 144) begrub, lag er nicht ruhig. Er begann in der dunklen Jahreszeit nachts auf den Häusern zu reiten, daß sie zusammenbrachen, brachte Leute durch seinen bloßen Anblick (ein lebender Leichnam – „schwarz wie die Hölle und aufgeschwollen wie ein Stier") um den Verstand, tötete Menschen und Vieh, zerstörte die Höfe der Umgegend. Schließlich besiegte Grettir, der Sagaheld, den Wiedergänger, der ihm im Unterliegen noch ein schlimmes Leben und einen ebensolchen Tod anwünschte (was beides sich erfüllen sollte). Grettir hieb darauf Glam den Kopf ab und legte ihn ihm unten an die Hinterbacken (S. 152). Man verbrannte den Wiedergänger zu Asche, füllte sie in einen Balg und verscharrte ihn „dort, wo am wenigsten Schafweiden oder Menschenwege waren".[29] Uns irritiert, daß jemand ohne offensichtliche „Schuld" ein furchtbarer Wiedergänger wird, „nur" weil ihn ein mißgünstiges Geistwesen auf der Schafhut ermordet. Uns irritiert auch, daß der Wiedergänger den, der die Gemeinschaft von ihm befreite, durch einen Fluch mit in sein Unheil hineinzieht (Grettir wird später wegen einer unglücklichen Unternehmung zu Unrecht als Mordbrenner vogelfrei erklärt, gejagt und getötet; sein mit Wunden bedeckter Leichnam geschändet und geköpft und unehrlich begraben). Unsere Irritationen rühren daher, daß wir *unsre* Begriffe von Schuld und Strafe in Tatbestände hineintragen, wo sie für Mentalitäten, denen wir hier begegnen (und denen ein Begriff von Strafe und Schuld keineswegs abgeht), primär nichts zu suchen haben.

Unter den Arten gewaltsamen Todes fallen Tod durch *Selbstmord* und Tod durch *Hinrichtung* dadurch auf, daß sie mit besonderem rituellem Aufwand umgeben sind.[30] Obwohl Selbsttötung in gewissen Situationen (um nicht lebend in Feindeshand zu geraten, um nicht wegen Alters der Gemeinschaft zur Last zu fallen; durch freiwillige Totenfolge: S. 73f) bei gewissen Völkern (Germanen, Inkas, Inder u. a.) durchaus geboten sein konnte, gilt Selbstmord anderswo (bei den Völkern Indonesiens) als schierer Wahnsinn, der nicht nur das Überleben der Gruppe, sondern auch den Täter selbst gefährdet: Die Selbstmörder werden für die Lebenden zu gefürchteten Quälgeistern, treiben sich traurig im und am Grab herum; gelangen sie ins Jenseits, so steht dort „ihr Dorf" „voller giftiger Pflanzen".[31] Im christlichen Kulturkreis setzte man seit dem Mittelalter Selbstmord dem Mord gleich: Der tote Selbstmörder wurde verurteilt und unter Umständen peinlich gestraft (S. 44f), ein ehrliches Begräbnis im Kirchhof blieb ihm (meist) verweigert. Die Art der peinlichen Bestrafung und anschließenden Bestattung sollte ihn *cum infamia* („mit Schimpf und Schande") aus der Gemeinschaft der Lebenden und Toten ausstoßen und die Lebenden vor seiner Wiedergängerei schützen. Als peinliche Strafen im Extremfall finden Erwähnung: Vierteilen, Rädern, Hängen; als „normale" unehrliche Begräbnisarten: Verscharren unter dem Galgen (vgl. S. 127), an der Flutgrenze oder einem Kreuzweg. Vierteilen und Rädern (Zertrümmern von Rumpf und Extremitäten) verstümmeln den Toten und treffen ihn „ins Mark"; Flechten aufs Rad und Hängen liefern ihn der zersetzenden Wirkung der Elemente (Sonne, Wind, Regen) und dem Fraß des Getiers aus: damit hat er jede Bewegungsfähigkeit (zum Umgehen) verloren. Verscharren unter dem Galgen gilt als schimpflichste Bestattungsart überhaupt; die Nässe des Grabes an der Flutgrenze paralysiert und immobilisiert den Toten ebenfalls (S. 59); Aussetzen unter einem Kreuzweg[32] marginalisiert den Toten nicht nur, da die alten Wege entlang der (Flur-)Grenzen laufen, sondern grenzt ihn gleich nach allen Himmelsrichtungen hin total aus, da an einer Wegkreuzung vier Grenzen auseinanderlaufen. Kreuzwege können auch „positiv besetzt" sein, wenn an ihnen ordentliche Tote anständig bestattet (nicht verscharrt) liegen: zum Gespräch mit den Passanten oder zum Schutz der heimischen Feldmark (S. 101). Die Ambivalenz des Ortes ergibt sich dann aus dem verschiedenen kulturellen und gesellschaftlichen Kontext der an ihm vollzogenen

Riten. Nach der Sage mußten Selbstmörder Jahrhunderte lang umgehen, bevor sie erlöst werden konnten.[33] Mit bischöflicher Erlaubnis gewährte man Selbstmördern oft ein kirchliches Begräbnis in geweihter Erde, wenn sie „kurz vor dem Freitod die Sakramente empfangen" oder „zu Lebzeiten an kirchlichen Riten teilgenommen hatten". In solchen Fällen setzten gelegentlich bischöfliche Behörden gegen den Willen der Gemeinschaft durch, daß ein unehrlich Bestatteter ausgegraben und in geweihte Erde zurückgebettet oder die Stelle, wo er lag, nachträglich geweiht wurde.[34] Die „Volksmeinung" stand bei kirchlicher Milde meist auf seiten der viel strengeren weltlichen Gesetzgebung, die solche Ausnahmen ausschloß. So bestimmte (als Beispiel) das Rügische Landrecht des Matth. Norman, 1525–31, über Selbstmörder: „Hängt sich einer innerhalb eines Hauses selbst auf, so haut man ihn los und gräbt (zur Abschreckung Anderer) ihn unter der Schwelle oder durch die Wand durch und bringt ihn so hinaus, läßt das Gericht über ihn sitzen und ihn besichtigen, bindet den Strick an eine Kufe mit einem Querholz und läßt ihn mit einem Pferde zum nächsten Kreuzweg hinschleppen, wo sich zwei oder drei Feldmarken scheiden, und gräbt ihn in den Grund und Boden der Herrschaft ein, unter der er sich umgebracht hat; man legt ihm das Haupt dahin, wo die christlichen Toten ihre Füße liegen haben, läßt ihm aber den Strick, mit dem er sich erhängt hat, um den Hals, und ist der Strick nicht lang genug, so verlängert man ihn in der Erde, so daß ein Ende 3 Schuh lang über der Erde liegen bleiben kann zum Zeugnis des begangenen Selbstmordes und zur Abschreckung."[35] Das Ausschaffen der Leiche unter der Schwelle oder die ausgebrochene Wand hindurch (S. 138/139) verbaut dem Toten eine Rückkehr als Wiedergänger (denn diese Öffnungen werden hinter ihm sofort zugeschüttet und vermacht). Normale Bestattungen waren bis in die Neuzeit hinein „geostet": Die Leiche lag in West-Ost-Richtung mit dem Kopf im Westen (Todesrichtung) und dem Blick nach Osten (Lebensrichtung), blickte also gewissermaßen aus dem Tod auf die Auferstehung.[36] Vergräbt man den Selbstmörder umgekehrt mit Kopf im Osten und Blickrichtung nach Westen, so raubt man ihm Ausblick und Hoffnung auf eine selige Auferstehung: Er schaut geradewegs in den ewigen Tod. Das ist totale Ausstoßung aus dem Leben der Gemeinschaft. Daß jemand Selbstmord begeht, um als Wiedergänger und Quälgeist seine Ziele (Rache) besser verfolgen zu können – auf Island (S. 13), in Indonesien und anderswo –, läßt die drastischen Abwehrmaßnahmen und auch die Furcht verstehen, die diese Gruppe schlimmer Toter bei den Lebenden provoziert.

Wer den Frieden der Gemeinschaft, der er zugehört, durch eine gemeinschaftsfeindliche Handlung bricht, hat sich damit „automatisch" *selber* vom Frieden der Gemeinschaft ausgeschlossen. War die Handlung nach dem Normenkanon der Gemeinschaft todeswürdig, dann ist die *Hinrichtung* durch die verletzte Gemeinschaft als offizielle und förmliche Bestätigung dieses Selbstausschlusses anzusehen. Und da nach dem Tod zum gefährlichen Wiedergänger wird, wer schon zu Lebzeiten gemeinschaftliche Normen brach, will die Art der Hinrichtung nachtodliche Wiedergängerei des Bestraften verhindern. Tortur (Marter) vor der eigentlichen Exekution soll die Lebenskraft des Delinquenten, die durch allzu schnellen Tod im Leichnam erhalten bliebe, derart schwächen, daß die Gemeinschaft (besonders Richter und Nachrichter) wirksame feindliche Aktionen des Toten nicht zu befürchten braucht. Die Tötung selbst richtete den Leib des Bestraften obendrein so zu (Köpfen,

Vierteilen, Rädern, Verbrennen: S. 165ff), daß auch danach postmortale Mobilität ausgeschaltet bleibt. Die Todesstrafen „spiegeln" oft die Art des bestraften Delikts („spiegelnde Strafen"): der „windige" Dieb stirbt am luftigen Galgen, der Sexualdelinquent durch den phallischen Pfahl, der Sodomiter (auf dem Scheiterhaufen) durch die „Brunst" des Feuers, ebenso Ketzer und Hexe durch den „höllischen" Brand, die Kindsmörderin (lebendig begraben) im feuchten Schoß von „Mutter Erde". Bestattungsort, für das, was nach der Exekution noch übrigblieb, war die Richtstätte außerhalb der Ortschaft, die gleichzeitig als Schindanger dienen konnte. Wobei es sich eigentlich gar nicht um Bestattung handelt: „Die Toten wurden in eine möglichst kleine Grube geworfen und notdürftig verscharrt", manchmal mit Steinen beschwert, neben den Kadavern von Hunden und Pferden – so der archäologische Befund der frühneuzeitlichen Richtstätte und des Wasenplatzes der Stadt Luzern in Emmen (für die Jahre 1562 bis 1798).[37] Was Wunder, wenn bei solchen Veranstaltungen – und bezeichnenderweise trotz solcher Veranstaltungen – die Angst vor der Rache der Hingerichteten blieb? Diese Angst verraten auch weitere Details des Hinrichtungszeremoniells. Wenn bei einer Hinrichtung der Delinquent zum Richtstuhl geführt wurde, wo man ihm das Todesurteil verlas, läutete die sog. „Armsünderglocke" bis zu dem Augenblick, wo ihn der Scharfrichter übernahm und ihm die Hände band und zur Richtstätte abführte. Lärm (S. 162) bannt und vertreibt alles Böse, Geister, Tote. Das Glockengeläut bei der Urteilsverkündigung soll offensichtlich die beteiligten Amtspersonen vor dem „bösen Blick" des Todeskandidaten abschirmen und verhindern, daß er sie als Toter nachholt. Der Scharfrichter schützt sich gegen den letzten Blick des Sterbenden durch eine Maske, die er sich aufsetzt, oder durch eine Binde um die Augen des Todgeweihten.[38] Eine solche Scharfrichtermaske aus Eisen ist im „mittelalterlichen Kriminalmuseum" in Rothenburg ob der Tauber zu bestaunen.[39] Welche Angst vor dem Hingerichteten die Gemeinschaft beseelt haben mag, läßt uns der Moorleichenfund von Dätgen (Kreis Rendsburg) im Jahre 1959/1960 ermessen. Der männliche Leichnam, wohl im 2. Jh. v. Chr. in einer mit Wasser gefüllten Schlenke (Immobilisierung durch Nässe; S. 167) versenkt, war nackt, hatte das Haar zu einem sog. „Suebenknoten" gewunden (Haartracht der Freigeborenen), trug um das linke Fußgelenk einen geknoteten Wollfaden (magische Fesselung; S. 138). Er wies folgende Wunden und Verstümmelungen auf: abgetrennter und separat bestatteter und verpflöckter Kopf, Herzstich, Stich- und Schlagverletzungen, Kastrierung. Ein Teil der Verstümmelungen war dem Manne schon vor dem Tode beigebracht (Tortur); der verstümmelte Rumpf war zusätzlich mit gespitzten Pflöcken verpfählt. Die Art der Bestrafung deutet auf ein Sexualdelikt (Kastrierung, Verpfählung).[40] Der Leichnam liegt heute im Archäologischen Landesmuseum Schleswig (Schloß Gottorf, Nydamhalle) und kann besichtigt werden.

Die wirksamste Sicherung gegen die Rache des Exekutierten war natürlich die *Versöhnung* des Delinquenten mit der Gemeinschaft vor der Hinrichtung. Dazu diente der geistliche Beistand auf dem letzten Gang. Bekundete der arme Sünder Reue, hatte er gar reumütig schon das Abendmahl empfangen, blieb zwar der Leib der Strafe verfallen, die Seele aber konnte gerettet werden. Die Pein der Hinrichtung ersetzte oder verkürzte (nach mittelalterlicher und katholischer Anschauung) die zeitlichen Strafen im Fegefeuer.[41] Ein solcher reumütiger Sünder erhielt gelegentlich (auch ohne Erlaubnis einer kirchlichen Behörde) ein ehrliches Begräbnis auf dem Kirchhof; der Rat übernahm dann (bei Enthauptungen) in einzelnen Fällen sogar die Kosten für Einsargung und Transport der Leiche.[42] So ward der Verbrecher, der sich durch seine Untat selbst aus dem Frieden der Gemeinschaft ausgeschlossen hatte, durch seine Reue der *communio sanctorum* (Gemeinschaft der Heiligen) wieder eingegliedert. Der Volksglaube, unbeleckt von Theologie und Juristerei, ging auch hier wieder seine eigenen Wege: die „durch vnfäl, kriegs- oder nachrichters gwallt sturbend vor jrem gesetzten zil", die müssen, so wie sie umkamen, mit der nächtlichen Totenschar des Guottisheers auf Erden „allso wandlen bis sy dasselbig zil erreichtend" – so nochmals unser Gewährsmann Cysat (S. 164).

B. Der schädigende Tote

a. Der Wiedergänger

Der *Wiedergänger* ist ein Toter, der im Grab keine Ruhe finden kann und die Lebenden auf irgend eine Weise heimsucht. Wiedergänger wird einmal jeder Mensch, der eines schlimmen Todes gestorben ist, wenn die Gemeinschaft nicht Mittel und Wege findet, ihn in ihren Frieden zurückzuführen (S. 153ff). Wiedergänger wird weiter jeder Mensch, der zu Lebzeiten gegen (relevante) gemeinschaftliche Normen verstoßen hat, auch wenn seine *Regelverstöße* von ihr unentdeckt und deshalb ungestraft geblieben waren. Seine Wiedergängerei (und oft auch die Art seines schlimmen Todes) „denunziert" ihn dann nachträglich als Feind der Gemeinschaft. Potentielle Wiedergänger sind demnach: Friedlose (schon bei

Leibes Leben aus der Gemeinschaft Ausgeschlossene und Ausgestoßene), (von andern zu Lebzeiten) Verfluchte, Exkommunizierte, Apostaten, Andersgläubige, Verbrecher, Verräter, Lügner, Heuchler, Hexen, Zauberer, überhaupt Bösewichter aller Art, Hirten (die als Sodomiter galten), Dirnen (die Reihe wird unten S. 179ff fortgesetzt, ohne sich auch dann zu erschöpfen) – mögen sie alle *straflos* und eines scheinbar „natürlichen" Todes (S. 151) sterben.[43] Das Todesschicksal von peinlich abgestraften Normenbrüchigen steht hier nicht mehr zur Verhandlung. Wiedergänger wird aber andererseits auch ein Mensch, dem gegenüber die *Gemeinschaft* sich *unsolidarisch* benommen hat: indem sie seinen Tod nicht rächte, ein ihm gegebenes Versprechen nicht hielt, sein Begräbnis nicht korrekt ausrichtete (denn ein Verstoß gegen das Begräbnisritual versperrt ihm den Weg in die Anderwelt; S. 154) oder bei der postmortalen Versorgung schlampte (vgl. S. 38).

Der Wiedergänger ist eine über den ganzen Erdkreis verbreitet geglaubte und gefürchtete Erscheinungsform des toten Menschen. Wir beschränken uns hier auf seine nord- und osteuropäische Untergattung: den *draugr* (S. 175ff) und den *Vampir* (S. 178ff). Bevor wir denen unsere ganze Aufmerksamkeit schenken, erwähnen wir noch zwei „defiziente" Formen von Wiedergängern. Der *„tanzende Tote"* ist ein Wiedergänger, der zwar sein Grab verlassen kann, aber niemandem schadet (es sei denn, man treibe Schabernack auf seine Kosten). Der *„Nachzehrer"* umgekehrt ist ein Wiedergänger, der sein Grab (normalerweise) nicht verläßt, aber den Lebenden aus dem Grab Schaden zufügt. „Tanzende Tote" sind arme Seelen, die der Grabesruhe selig Verstorbener entbehren und sich nachts (zwischen Mitternacht und eins) auf dem Friedhof zu einem grotesken Treiben über den

Gräbern zusammenfinden müssen – zu einem „Totentanz", der Alt und Jung, Reich und Arm, Mann und Weib in einen zwanghaften Reigen zusammenschließt (letztlich das Urbild der mittelalterlichen Totentanzdarstellungen). Sie bedürfen der Fürbitte der Lebenden, die ihnen diese Art von Fegfeuerqual (denn nichts anderes ist ihr Tanzzwang) verkürzt und lindert.[44] Nur wer sich über ihre Qual lustig macht wie der Türmer von Lage in Goethes Gedicht „Der Totentanz", der einem der tanzenden Gerippe das abgelegte Totenhemd stibitzt – der muß um sein Leben fürchten; und die Rache des Toten würde den vorwitzigen Spaßvogel auch ereilt haben, hätte die Glocke nicht rechtzeitig das Ende der Geisterstunde geschlagen. Nachzehrer oder „schmätzende Tote" stellen eine Klasse von Wiedergängern, die im Grab ihre eigenen Kleider, schließlich ihr eigenes Fleisch aufzufressen beginnen und so magisch an der Lebenskraft der eigenen Angehörigen (oder von Mitgliedern der eigenen Gemeinschaft) zehren und sie nachzuholen drohen. Spätestens wenn im Grabe einer Person Schmatz- und Sauggeräusche zu hören sind oder ihre Verwandten kurz nacheinander erkranken und dahinsterben, wird es Zeit, das Grab zu öffnen und den (männlichen oder weiblichen) Nachzehrer zu immobilisieren (durch „umgekehrte Bestattung"; S. 165) oder zu annihilieren (durch Verbrennen). Legt man einem solchen Toten als „sanftere Therapie" einen Erdklumpen, ein Rasenstück, einen Stein oder eine Bibel unters Kinn, um zu verhindern, daß er den Kopf aufrichte, die Kinnladen öffne und einen Gewandzipfel seiner Grabgarderobe erschnappe (läßt ihn aber sonst ungeschoren), erreicht man (unter Umständen) ebenfalls, daß er ruhig liegt und „das Maul hält".[45]

Der Wiedergänger par excellence in der nordischen Sagaliteratur und des neuisländischen Volksmärchens ist der *draugr* (altisländisch; verwandt mit deutsch „trügen" im Sinne von schädigen).[46] Er erscheint den Lebenden als „lebender Leichnam" (S. 165), hat die Fähigkeit, seine Gestalt (in Tiergestalt) zu wechseln, sich auf paranormale Art fortzubewegen (plötzliches Erscheinen und Verschwinden), verfügt über ungeheure Kräfte (vgl. S. 13). Die Saga vom Goden Snorri[47] erzählt das postmortale Unwesen des Gewalttäters und mehrfachen Totschlägers Thorolf, der nach seinem „natürlichen" Tod (und korrektem Begräbnis durch seinen Sohn) zum *draugr* wurde. Mit Beginn des Winterhalbjahrs begann er nachts die Leute derart zu belästigen, daß sie nach Sonnenuntergang ihre Häuser nicht mehr zu verlassen wagten. Das Vieh, das in die Nähe seines Grabes kam, „brüllte sich zu Tode", dem Hirten brach er beide Beine und brachte ihn um. Er ritt den Dachfirst seines Hauses, machte seiner Frau nachts so zu schaffen (S. 27 f), daß sie starb. Die Männer, die er nun systematisch zu morden begann, sah man später als Tote in seiner Gesellschaft. Schließlich öffnete man sein Grab, fand ihn ganz unverwest mit höchst boshaftem Gesichtsausdruck. Da man den Leichnam kaum von der Stelle brachte, umzog man das Grab mit einem hohen Wall. Nachdem auch das nichts nützte und der Wiedergänger weiter Mensch und Vieh ausrottete, so daß die Gegend verödete, brach man sein Grab wieder auf, fand ihn „schwarz wie die Hölle und aufgeschwollen wie ein Stier" (S. 165), verbrannte ihn zu Asche und streute sie ins Meer. Eine Kuh, die an der Brandstelle von den Aschenresten leckte, gebar einen Bullen, der so bösartig war, daß er Thorolfs Sohn mit einem seiner Hörner zu Tode spießte und schließlich in einem Moor versank. Erst jetzt hatte der Spuk ein Ende. Wie man sieht, reflektiert schlimme Wiedergängerei (trotz ordentlichem Ableben und Begräbnis) eines Menschen schlimmes Leben. Das erscheint uns relativ einsichtig. Warum aber mußte – und jetzt kommen wir nochmals (S. 164ff) auf die Schuldfrage zurück – warum aber mußte der Schafhirte Glam ohne offensichtliche „Schuld" eines schlimmen Todes umkommen und dadurch konsequenterweise ein *draugr* werden? Bei einer Relektüre der Glam-Geschichte fällt auf, daß es von diesem Hirten (der seine Pflicht tadellos erfüllte und gegen den „nichts Konkretes" vorlag) heißt, die Leute hätten ihn „nicht leiden" mögen und „allen" sei er „verhaßt" gewesen, eine Kirche habe er nicht betreten wollen und „ungläubig" die alten heidnischen Bräuche dem neuen Christentum vorgezogen. So denunziert letztlich (nach dieser Mentalität) schon der schlimme Tod schlimmes Leben.

Im Zuge des Wertewandels durch die Christianisierung ergab sich die Vorstellung von selbst, daß jeder Ungläubige, jeder „Heide" nach seinem Tod ein Wiedergänger, im Norden eben ein *draugr* wird, denn er ist ja nicht nach christlichem Ritus, also nicht richtig, bestattet und sein Leben war nicht „normenkonform" (S. 172). Das führte in Grönland, nachdem dort (um 1000) das Christentum aufgekommen war, bei den (isländischen) Kolonisten zu einer interessanten Bestattungspraxis. Die Leute wurden auf dem Hof, wo sie starben, provisorisch in ungeweihter Erde beigesetzt, und man stellte ihnen einen Pfahl auf die Brust. Erst wenn die klimatischen Bedingungen das Erscheinen eines Priesters erlaubten, zog man den Pfahl aus und goß Weihwasser in die Öffnung. Dann wurden die Leichen zur nächsten Kirche gebracht, und „die Priester sangen Gebete über ihnen" (hielten die Totenmesse). Dort wurden sie definitiv in geweihter Erde bestattet. Solange die Toten in ungeweihter Erde lagen, galten sie als potentielle Wiedergänger und wurden mit einem Pfahl in der Erde fixiert (vgl. S. 170). Im Bereich der

Kirche und nach christlichem Ritus in die Gemeinschaft der Heiligen eingegliedert und in geweihter Erde ruhend, stellten sie für die Lebenden keine Gefahr mehr dar. Aber selbst wo jemand im Frieden mit der Gemeinschaft das Zeitliche segnet (also keine Anwartschaft auf Wiedergängertum besteht) und kirchlich bestattet liegt, wird er zum *draugr* und richtet Schaden an, wenn die Gemeinschaft ihm gegenüber (etwa in der Ausführung einer testamentarischen Bestimmung) wortbrüchig wird; das schadenstiftende Umgehen hört erst nach Erfüllung des Versprochenen (S. 42) auf. In der (S. 174) genannten Isländersaga von Goden Snorri[48] liefert die Geschichte von Thorgunnas Tod und Spuk hierfür ein eindringliches Exempel: Thorgunna teilt auf ihrem Sterbelager ihre „letztwillige Verfügung" mit. Sie will auf einem bestimmten Kirchhof bestattet, mit ihrer Hinterlassenschaft soll auf bestimmte Weise (die uns hier nicht interessieren muß) verfahren werden. Die Verfügung, die ihr Begräbnis betrifft, wird peinlich genau eingehalten. Und die Tote dankt es den Leichenträgern, die auf dem weiten Weg zum Friedhof zu nächtigen gezwungen und in Verpflegungsnöten sind, indem sie sich (nackt) erhebt und die Versorgung der Männer selbst an die Hand nimmt. Die Verfügung hingegen, die ihre Hinterlassenschaft betrifft, wird nach erfolgter kirchlicher Bestattung übergangen. Thorgunna beginnt zu spuken; in Tiergestalt vernichtet sie allen Stockfischvorrat im Haus ihres säumigen Willensvollstreckers, er selbst kommt mit seinen Leuten im Meer zu Tode, andere sterben an einer Seuche, und alle Toten suchen nachts als *draugr* den Hof heim, wodurch weitere Bewohner den Tod finden. Als man Thorgunnas Verfügung über ihre Hinterlassenschaft endlich umsetzt, hört aller Spuk auf. Die Erfüllung des Versprochenen reintegriert die Tote (ob auch die von ihr Nachgezogenen, läßt die Geschichte vorsichtigerweise offen!) wieder in die Gemeinschaft, deren unsolidarisches Handeln ihre Wiedergängerei provozierte.

b. Der Vampir

Obwohl der Vampirglaube auch in anderen Kulturen (etwa in traditionellen Gesellschaften Indonesiens[49]) im Zusammenhang mit Vorstellungen vom schlimmen Tod „floriert", beschränken wir uns auf „heimisches" Territorium.[50] Denn hier hat der Vampir seine steilste Karriere gemacht. Ursprünglich Requisit osteuropäischer Folklore und ostkirchlicher „Seelsorge" und Kirchenzucht – wurde er in der Romantik salonfähig, zog in die *Literatur* ein und hat mit ihr die neuen Medien *Film* und *Fernsehen* erobert. Und hier reicht die Palette von Bram Stokers „Dracula" und Stephen Kings „Salem's Lot" (deutsch „Brennen muß Salem") über Murnaus „Nosferatu" und Polanskis „Fearless Vampire Killers" (deutsch „Tanz der Vampire") bis zu jenen epigonalen Gruselelaboraten der Fernsehindustrie, die dem unseligen Beschauer so manchen Samstagabend veröden.

Beim *Vampir* handelt sich's um eine Untergattung der Wiedergänger, deren Wesen und Grundeigenschaften er teilt, weshalb er auch mit andern Formen des Wiedergängers (dem „Nachzehrer") verwechselt werden (oder zusammenfließen) kann. Auch zum Werwolf bestehen Querverbindungen, was sich auch in der Sprache niederschlägt. So bedeutet der geläufige neugriechische Name für den Vampir (**vrykólakas;* vgl. S. 27) eigentlich „Werwolf", wie das Slawische, dem er entlehnt ist, ausweist (*vrkodlak;* eigentlich: Wolfshaar, Wolfspelz). Nun ist aber ein Werwolf kein Wiedergänger, sondern ein lebender Mensch, der die Fähigkeit besitzt, sich in einen Wolf zu verwandeln oder seine Seele in Wolfsgestalt aus seinem Körper fahren zu lassen, um Tiere und Menschen zu reißen. Mit dem Vampir verbindet ihn vor allem der Glaube, Werwölfe würden nach ihrem Tod zu Vampiren. Was aber ist ein Vampir? Ein Vampir ist ein Leichnam, der die Fähigkeit besitzt, sein Grab zu verlassen oder seine Seele aus dem im Grab liegenden Körper fahren zu lassen, um Lebenden das Blut auszusaugen, die daran sterben und selber zu Vampiren werden.

Vampire, die oder deren Seelen das Grab verlassen, erscheinen den Lebenden als lebender Leichnam, vermögen sich aber auch in beliebige andere *Gestalt* zu wandeln: in alle möglichen Tiere (Wolf, Katze, Eule), in einen blutgefüllten Balg, selbst in einen Heuschober. Sie vermögen sich zu vergrößern oder zu verkleinern, sogar unsichtbar zu machen und durch die kleinsten Ritzen zu dringen. Zeigen sie menschliche Gestalt, sind sie daran zu erkennen, daß sie kein Spiegelbild haben. Gräbt man sie aus, präsentiert sich ihr Körper unverwest, blutstrotzend (bis aufgebläht) und in frischer Farbe, mit glatter Haut und nachgewachsenen Haaren und Nägeln. Wieso besitzen Vampire kein Spiegelbild? Bekannt ist die Ansicht, (wiederkehrende) Tote würden keinen Schatten werfen.[51] Sie sind ja selber „nur Schatten". Und (wiederkehrende) Tote reflektieren – ähnlich – deshalb kein Spiegelbild, weil sie selber schon „Spiegelbilder" sind, nämlich Wesen aus einer spiegelbildlich verkehrten Anderwelt: der Totenwelt (S. 136).

Vielerlei *Untaten* werden Vampiren nachgesagt; das folgende Sündenregister ist nicht erschöpfend. Sie saugen Lebenden das Blut aus, nähren sich überhaupt von deren Fleisch und Blut; die menschliche Leber (S. 23) schätzen sie als besonderen Leckerbissen. Sie verprügeln

Menschen, hocken ihnen auf, treiben als Poltergeister in Häusern ihr Unwesen. Nachts klopfen sie an Türen und rufen einen Hausbewohner mit Namen auf; antwortet der, so stirbt er am nächsten Tag, antwortet er nicht, bleibt er unversehrt (S. 41); weshalb man nachts einem Rufenden niemals sofort antworten, sondern einen zweiten Anruf abwarten soll, wodurch man erst Gewißheit erlangt, es nicht mit einem Vampir zu tun zu haben. Und last, but not least beschlafen Vampire Frauen in Abwesenheit ihrer Männer; besonders gern schwängern sie ihre hinterlassenen eigenen Ehefrauen (S. 27). Im übrigen sind sie wie alle Toten „familienverbunden" und holen am liebsten die nächsten Angehörigen nach (S. 71).

Wer wird ein Vampir? Natürlich jeder „Vampirisierte" (also von einem Vampir Angezapfte), jeder eines schlimmen Todes Gestorbene (nicht rite Bestattete, ungerächt Ermordete, Selbstmörder), zu Lebzeiten ungestrafte Bösewichte, überhaupt Leute mit unmoralischem Lebenswandel (Wegelagerer, Brandstifter, Schwarzmagier, Hexen), Werwölfe – also praktisch Kandidaten, die die allgemeinen Voraussetzungen für Wiedergänger erfüllen (S. 172). Dann: wer Fleisch von einem Tier ißt, das ein Vampir gerissen hat (sozusagen durch „Ansteckung"), über wessen Leiche eine Katze (Tier, in das sich auch der Vampir verwandeln kann; S. 178) springt. Dann: Ungetaufte (jeder, der nicht der orthodoxen Kirche angehört: besonders die Türken als „Erbfeinde" der Griechen), Apostaten, Exkommunizierte, wer unter einem Fluch (besonders der Eltern) stirbt. Dann: wer seiner Gevatterin beiwohnt, von zwei Unehelichen unehelich Gezeugte, schließlich Kinder, die an einem großen kirchlichen Festtag empfangen oder geboren wurden. Man sieht hier, wie der ostkirchliche Nomokanon (kirchliches Recht) fleißig an der „Aktualisierung" des Vampirglaubens gestrickt hat. Zur

„Ehrenrettung" der orthodoxen Kirche muß gesagt werden, daß die griechischen Christen unter türkischer Herrschaft ihre zivilrechtlichen Belange zwar selbst regeln, aber (bei Streitfällen) nicht mit staatlichem Zwang durchsetzen konnten, weil ihnen die Anrufung türkischer (muslimischer) Gerichte (die sich hierin für unzuständig erklärten) verunmöglicht war. Da mußte dann das Mittel der Androhung oder Verhängung kirchlicher Exkommunikation die hier fehlende staatliche Autorität der Ordnung halber ersetzen. Und die kirchliche Exkommunikation bediente sich dazu des populären Vampirglaubens. Die Bannformel drohte nämlich dem Betroffenen an, nach seinem Tod im Grabe nicht verwesen zu können – und das meint: ein Vampir zu werden (S. 178). Sie lautete: „Und du sollst nach dem Tod ewig unverweslich sein wie Gestein und Eisen *(kaì ése metà thánaton álytos aioníos hos hai pétrai kaì tà sídera).*" Eine volkstümliche neugriechische Verfluchung wünscht dem damit Bedachten dasselbe: „Mögest du unverweslich bleiben *(nà mínis áljotos).*" Unverweslichkeit des Leichnams ist übrigens nicht nur Vampir-(Wiedergänger-)Schicksal, auch das Privileg der Heiligen und mit ein Kriterium für ihre kirchliche Heiligsprechung.[52] Es ist eben letztlich der verschiedene religiös-kulturelle Kontext (vgl. S. 167), der ein und dasselbe Phänomen verschieden wertet.

Die Methoden, sich vor Vampiren zu *schützen* oder sie *unschädlich* zu machen, sind grundsätzlich die bei Opfern von schlimmem Tod oder Wiedergängern angewandten. Erwähnenswert ist Prophylaxe durch Begraben Vampirverdächtiger mit dem Gesicht nach unten, Festnageln im Grab (S. 159), Einstoßen eines Weißdorns (vgl. S. 145) in die Magengrube (um Aufblähen zu verhindern; S. 178, auch 175). Schutz gewährt auch Begräbnis auf einem Eiland im Meer, weil Vampire salziges Wasser nicht überschreiten können (S. 152). Gegen Heimsuchungen durch Vampire, bei denen solche Prophylaxe nichts fruchtete oder unterlassen wurde, schützt Knoblauch (S. 18); da, wo man den Vampir als Ausgeburt des Teufels betrachtet, Weihwasser oder Kreuz (aber Vorsicht: nützt nichts gegen jüdische Vampire, wie Polanskis Streifen lehrt!). Nützlich ist auch ein magischer Schutzkreis, den man um sich zieht (aber rechtswendig in Richtung des Sonnenlaufs, also in Lebensrichtung[53]). Wer schon vampirisiert wurde und noch lebt, kann geheilt werden, wenn er Erde vom Grab des Vampirs ißt oder sein Blut trinkt – nach dem magischen Grundsatz[54], daß gerade das zu heilen vermag, was auch den Schaden verursachte („*sanat, quae sauciat ipsa*" – wörtlich: allein was verwundet, macht gesund; oder freier mit Richard Wagner: „die Wunde schließt der Speer nur, der sie schlug"). Ganz aus der Welt zu schaffen, ist die Plage allerdings nur durch Verstümmelung und Totalannihilation: man sticht dem exhumierten Ungeheuer den Kopf ab und legt ihn ihm zwischen die Beine, treibt ihm einen Pfahl durchs Herz, verbrennt ihn gänzlich zu Asche (aber erst, wenn der Herzstich wirklich vorgenommen wurde). Ob bei der Pfählung auf dem Gesicht des Vampirs ein flüchtiger „look of peace" aufleuchtet – den Bram Stokers Vampirtöter bei Graf Draculas Ende zu sehen vermeinte (und den wir persönlich dem Grafen gerne noch gegönnt hätten) –, ist doch zu bezweifeln; denn die Veranstaltung läuft nicht auf Erlösung, sondern auf den zweiten, endgültigen Tod, die Überantwortung ans Nichts hinaus. Die prädestiniertesten und geschicktesten Vampirbekämpfer sind, glaubt man, Abkömmlinge von Kindern, die von einem Vampir und dessen lebender Frau gezeugt wurden (S. 179), da schon „rein genetisch" mit den Gepflogenheiten und Verhaltensweisen von Vampiren am intimsten vertraut. Als einzige Möglichkeit, einen Vampir zu *erlösen* und wieder in die Gemeinschaft der Heiligen einzugliedern, bleibt die feierliche Rücknahme eines Fluchs durch den Priester; sei's, daß kirchenrechtliche Gründe für eine Rücknahme sprechen, sei's, daß Angehörige ausstehende zivilrechtliche Verpflichtungen und Auflagen, die der Verstorbene zu Lebzeiten nicht erfüllte, stellvertretend für ihn übernehmen, sei's endlich, daß eine unerlaubte Verwünschung durch einen mißgünstigen Menschen angenommen wird. Wenn bei der Lossprechung durch den Popen der lebende Leichnam zu zerfallen beginnt und sich mählich auflöst, erlangt auch der „Untote" seine Erlösung.

V. Leben mit den Toten

Für Gesellschaften und Mentalitäten, wie sie unsre Beschreibungen voraussetzen (S. 9/10), waren und sind Tote immer *Personen.* Personen zwar mit einem etwas anderen Energiepotential und Energiebedarf als die lebenden Mitglieder der Gemeinschaft; aber gerade die unterschiedlichen „Energiebilanzen" (die Toten sind mächtiger – die Lebenden vitaler), die sich gegenseitig saldieren, verweisen beide lebensnotwendig aufeinander. Personen mit vitalen Bedürfnissen, mit Rechten und Pflichten gegen die Lebenden; mit eigenen religiösen Strebungen, die sie doch mit den Lebenden (und die Lebenden mit ihnen) in Kultgemeinschaft zusammenschließen. Personen mit elementarem Drang zu Austausch – Kommunikation und Interaktion – mit den Lebenden, der im Rahmen der Solidargemeinschaft das Leben der Lebenden ermöglicht und erhält. Personen auch, gegen die man sich (wie gegenüber jeder Person) abgrenzen muß, um nicht – durch „Persönlichkeitsverlust" – sich selbst und damit die Möglichkeit zu fruchtbarer Begegnung und Gemeinschaft einzubüßen. Personen auch, die man unter Umständen, weil zu Un-Personen geworden, zum Schutz der Gemeinschaft ausgrenzen muß, unter Umständen auch wieder in den Frieden der Gemeinschaft aufzunehmen bereit ist. Personen schließlich, an denen man schuldig werden kann und wiedergutzumachen hat. Überblickt man die reiche Palette der Beziehungen zwischen Lebenden und Toten, dann läßt sich eine Tendenz (kein „Entwicklungsgesetz"; S. 79) ausmachen, die Toten immer mehr aus der räumlichen Nähe der Lebenden zu entfernen, in engem Zusammenhang damit ein Trend zu symbolischen Formen des Umgangs und zu Stellvertretungsriten und zur Einschränkung von Kommunikation und Interaktion auf bestimmte Orte (Friedhöfe) und Zeiten (Totenbesuchsfeste, -gedenktage) – ohne daß Gefühl und Bewußtsein gegenseitiger Verbundenheit und Abhängigkeit darob verlorengegangen wäre.

Alle diese vielfältigen Formen des „Lebens mit den Toten" setzen die Erfahrung eines kommunikationsfähigen (und -bedürftigen) *Persönlichkeitskontinuums* voraus, das den Tod überdauert – wie immer man sich die „Beschaffenheit" dieses Kontinuums denkt (ob mehr „stofflich" oder „geistig", mehr „körperlich" oder „unkörperlich", mehr „leiblich" oder „seelisch", mehr „materiell" oder „immateriell", mehr „grobstofflich" oder „feinstofflich": all das sind ethnozentrische Kategorien, die andere und traditionelle Kulturen so gar nicht kennen). Diese Voraussetzungen werden von einem bestimmten neuzeitlichen „Wissenschaftsparadigma" nicht geteilt (können vielleicht nicht, müssen gar nicht!), wenn es von „Persontod" redet (vgl. S. 9). Auch nicht von der „Ganztod-Theorie" einiger Theologen, welche die Lehre von einer Kontinuität der Person über den Tod hinaus als unbiblisch ablehnt und annimmt, „daß mit dem Tod alle Beziehungen – eben auch zu Gott – enden, daß der Mensch letztlich nur im Gedächtnis Gottes weiterexistiert, um dann am Tag der Auferstehung völlig neugeschaffen zu werden".[1] Die (personale) Verbundenheit aller Glieder der christlichen Gemeinschaft, der Lebenden auf Erden und der Seligen im Himmel (und nach katholischer Tradition der „armen Seelen" im Fegfeuer; vgl. S. 98), ist jedoch von der Christenheit allerorten und stets bekannt worden: „Ich glaube an die Gemeinschaft der Heiligen *(communio sanctorum).*"

Anscheinend bedarf es in unserer postmodernen Welt der Psychotherapie, um das wiederzuentdecken, was menschliche Kulturen seit Jahrtausenden und auf allen Kontinenten gewußt und praktiziert haben. Daß nämlich der Mensch nicht nur in ein *horizontales* Geflecht personaler Bindungen (zu den Lebenden, damit zu sich selbst) eingewoben ist, sondern auch in ein *vertikales* (zu den Toten). Und daß, wenn die vertikalen Bindungen gestört sind, dies auch die horizontalen betrifft. Deshalb sucht die sog. „systemische Familientherapie" Beziehungskonflikte auf der horizontalen Ebene zu therapieren, indem sie Bindungsstörungen auf der vertikalen aufdeckt und zurechtbringt.[2] Nun ist zwar der Verfasser des vorliegenden Büchleins kein Therapeut, und therapeutische Ambitionen liegen ihm fern. Als Religionswissenschaftler ist er vor allem Beobachter und Beschreiber. Und als solcher geht er eigentlich schon zu weit, wenn er aus seinen Beobachtungen und Beschreibungen ein paar *Grundregeln* für das „Leben mit den Toten" herausfiltert – im Wissen darum, daß, was wir sind, wir nicht nur durch (oder gegen) die Lebenden, sondern immer auch durch (oder gegen) die Toten sind (vgl. S. 10/11).

Die *erste Grundregel* lautet:

Die Toten wollen in traditionellen Formen des Umgangs wahr-genommen sein.

Die Grundformen des Umgangs mit Toten sind, wie wir uns überzeugen konnten, beinahe universal. Aber sie sind „einzelkulturlich" geprägt und unterliegen historischen Wandlungen. Der notorische Konservatismus der Umgangsformen in diesem Bereich (S. 19/20) sorgt für die nötige Kontinuität im Wandel. So hat das Christentum Vorstellungen über nachtodliches Fortbestehen der Person und Praktiken des Kontakts mit ihr auf spezifische Weise verändert, indem es nichtchristliche, alte Formen mit christlichen, neuen Inhalten anreicherte und füllte; was nicht verhindert, daß alte, abrogierte Ideen und Bräuche, toleriert, nebenherlaufen. In einem kulturellen – immer noch christlich bestimmten – Ambiente wie dem unsrigen wird im Umgang mit den Toten auf die Formenpalette zurückzugreifen sein, die dieses Ambiente traditionellerweise bereithält. Schließlich werde ich einen Freund auch nicht mit vor der Brust zusammengelegten Handflächen und Neigen des Kopfes begrüßen, der von mir einen herzlichen Handschlag erwartet; noch würde ich ihn auf Sanskrit ansprechen, obwohl diese Sprache eine ähnliche Struktur aufweist wie das Deutsche, das er versteht. Das heißt etwa, daß ein katholischer Christ sich in erster Linie der Interaktionsmöglichkeiten bedient, die ihm seine Kirche vermittelt oder nicht verbietet (Meßopfer für Verstorbene, Anrufung der Heiligen, ja der „armen Seelen", Totengedenken). Das heißt etwa, daß der evangelische Christ, der in seinem „Leben mit den Toten" auf seine Privatsphäre verwiesen ist, im Rahmen der von ihm bekannten *communio sanctorum* (S. 187) und seines Gewissens, die Freiheit der Wahl hat, sich überkommener Umgangsformen zu bedienen. Das heißt, daß der Nichtchrist ohne diese Auflagen sich mindestens an die bewährte Formensprache seiner kulturellen Umgebung hält. Und das heißt, daß alle drei in Kommunikation und Interaktion mit ihren Verstorbenen den Regeln menschlichen Zusammenlebens verpflichtet sind, die sie auch im Verkehr zwischen Lebenden akzeptieren. So werden sie ein Versprechen, das sie einem Lebenden gaben, auch dem Toten halten (wenn noch erfüllbar). So werden sie ein Versprechen, das sie einem Sterbenden unter dem emotionalen Druck der Situation gaben, dem Toten möglicherweise nicht halten (weil unter Zwang abgepreßt und inhaltlich unrealistisch). So werden sie das Versprechen eines Lebenden dem Toten billigerweise erlassen (wenn die Aussicht, es nicht erfüllen zu können, schon den Sterbenden beschwerte). Braucht noch gesagt zu werden, daß alle diese Umgangsformen noch genug Spielraum für schöpferische Phantasie übriglassen! Die nun folgenden drei Grundregeln setzen sämtlich die *Annahme* der ersten voraus.

Die *zweite Grundregel* lautet:

Die Toten wollen richtig verabschiedet sein.

Jede Trennung ist schmerzlich, besonders eine für lange Zeit und auf weite Distanz. Schmerzlicher noch ist eine Trennung ohne richtigen Abschied: wo nicht empfunden, ausgedrückt, gesagt, geschrieben, getan wurde, was zu empfinden, auszudrücken, zu sagen, zu schreiben, zu tun war. Noch schmerzlicher ist die Trennung durch den Tod. Am schmerzlichsten aber ein Tod ohne richtigen Abschied. Da bleibt Unempfundenes, Unausgedrücktes, Ungesagtes, Ungeschriebenes, Ungetanes (definitiv) in der Schwebe und blockiert und beschwert die Betroffenen. Zum Glück hält unsere Tradition für diesen Fall ein ganzes Arsenal von Umgangsformen bereit, die auch noch hinlänglich bekannt sind, aber nicht „ausgelebt" oder nur „Delegierten" (Krankenhauspersonal, Bestattern: Leichenwäsche, Einkleiden) zugemutet werden. Die *Totenwache,* eine Stunde, eine Nacht beim aufgebahrten Toten, läßt Abschied nehmen von der äußeren Gestalt, Unausgesprochenes Gedanke werden, gemeinsames Leben Revue passieren, Verfehltes abbitten. Ein Liebesbrief oder eine Haarlocke, dem Toten unter das Totenhemd geschoben, kann Bindung und Trennung ausdrücken und besiegeln (ein Rat, den der Verfasser der untröstlichen Freundin eines seiner Studenten gab, der durch Selbstmord aus dem Leben geschieden war). Ein Theologieprofessor beschreibt 1995 die Wache bei der toten Mutter folgendermaßen: „Ich stehe im Totenkämmerchen eines Zürcher Pflegeheims. Es ist kühl und still, nur die Klimaanlage (deren Thermostat auf 8 Grad Celsius eingestellt ist) summt. An der weißen Wand hängt ein Kreuz. Im kühlen Luftzug flackert eine Kerze, die ich angezündet habe. In der Mitte des Raumes eine aufgebahrte Gestalt in der in diesen Fällen üblichen Aufmachung: Leinenlaken, das bis an die Brust reicht; hochgeschlossenes Totenhemd, mit Kunstperlen besetzt; häubchenartige Binde, die das Kinn fixiert. In die gefalteten Hände der Toten habe ich den Stiel einer roten Rose gefügt. Die Tote ist meine Mutter, verstorben im 102. Lebensjahr. Heute morgen erhielt ich die Nachricht und fuhr mit dem Zug los. Jetzt bei Einbruch der Nacht stehe ich an der Bahre. Ich betrachte das Gesicht und komme davon nicht los. Immer wieder umkreise ich die liegende Gestalt, um das stille Antlitz von allen Seiten zu betrachten, letzte Eindrücke in mich aufzunehmen – sie müssen für den Rest meines Lebens ausreichen. Das Gesicht ist wieder jung geworden, die Haut glatt und faltenlos, um die Lippen spielt ein Lächeln. ‚Fast bräutlich', denke ich und weiß nicht, woher mir diese Assoziation kommt, aber sie drängt sich auf und bleibt. Dann denke ich an eine feine junge Bürgersfrau des 17. Jhs in einem Interieur von Vermeer. Die Mühsal eines langen Lebens, die Altersbeschwernisse der letzten Jahre und Monate sind aus dem Gesicht verschwunden. Mir Unbekanntes, vielleicht Unausgelebtes, ist hinzugetreten. Und die Güte, die dieses ganze Leben wie eine Musik begleitet und geleitet hat, es eigentlich ausmachte, ist geblieben. Und angesichts dieser Gestalt gehen meine Gedanken zurück in die eigene Kindheit. Ich sehe meine Mutter am Klavier, lausche. Meine Kindheit ist eingebettet in Klänge, in Musik. Ich höre meine Mutter singen, sie hatte eine gut ausgebildete Sopranstimme. Die Laute, auf der sie sich zu begleiten pflegte, wenn sie's nicht auf dem Klavier tat, hängt heute in unserem Wohnzimmer (geblieben ist mir auch eine schöne Jugendstilausgabe des ‚Zupfgeigenhansl'). Chopin (Minutenwalzer), Schubert (‚Die Forelle'), Schumann, Loewe, Grieg, Sindings ‚Frühlingsrauschen' und das ‚Silberbächlein' von Spindler laufen als ‚Klangfilm' vor meinem innern Ohr ab. Dann ein Salonstück, das mich als Kind wegen seines beziehungsreichen Namens faszinierte: Rendezvous; und jetzt sehe ich auch den Text auf dem Deckblatt wieder vor mir: ‚Leise, leise schleicht ein Schatten durch den Garten in die dunkle Nacht, ein zweiter ebenso es macht, kommt von des Hauses Pforte sacht, ganz sacht.' – Dann, am Ende ihres Lebens hat sich die Situation umgedreht. Als meine Mutter sich in freier Sprache schon nicht mehr zu artikulieren wußte und sich nur in Sprichwörtern und Gedichtform verständlich machen (lediglich einmal Auswendiggelerntes reproduzieren) konnte, habe *ich* ihr vorgesungen, am Bett. Kirchenlieder, die sie aus dem Gedächtnis mitsprach, mitsang: Paul Gerhardt, Matthias Claudius, Zinzendorfs ‚Jesu, geh voran / auf der Lebensbahn / und wir wollen nicht verweilen / Dir getreulich nachzueilen / führ uns an der Hand / bis ins Vaterland'. Aber auch Küchenlieder: ‚Der rote Sarafan' (was sie daran erinnern mochte, daß sie einmal in einen jungen russischen Emigranten verliebt war und ihn fast geheiratet hätte), ‚Müde kehrt ein Wandersmann zurück', ‚Mariechen saß weinend im Garten'. Und zwischen ihrem Gesang und meinem Gesang, meinem Lebensfrühling und ihrem Lebenswinter: mein Leben, ihr Leben. Mein Studium, das lange dauerte, weil ich mich nie richtig entscheiden konnte, welche Richtung nun die meine sei; die bewegten 68er Jahre; meine Promotion, Habilitation; meine Heirat, meine Berufung nach Deutschland. Da mir Vater und Bruder früh wegstarben, sind wir, meine Mutter und ich, eine lange Strecke Lebens zusammen gewandert. Vielleicht bin ich dadurch ein Muttersöhnchen geworden? Das sich immer noch schwertut mit männlichen Autoritäten. Eher geneigt, von Frauen Gutes zu erwarten als von Männern. Vielleicht. Das alles zieht in Gedanken, Klängen, Bildern an mir vorbei im kleinen, weißen, stillen Kämmerchen. Ich lege meine Hand auf die kühle Stirn der Toten, streiche noch einmal über die verschränkten Hände. Flüstere ein ‚Danke' – Dank für ein Stück geschenktes Urvertrauen, gemeinsamen guten Weges – und gehe meines Wegs. Wieder ein Mensch mehr ‚drüben'. – Wieviele Tode lieber Menschen wird es noch brauchen, bis die Sehnsucht nach ‚drüben' stärker sein wird als die Bande, die uns an unser Leben ‚hüben' binden? Gott weiß es. Ich weiß nur: hier und jetzt wandeln wir im Glauben, dann und dort werden wir schauen ..."[3]

Die *dritte Grundregel* lautet:

Die Toten brauchen Nähe und Distanz.

Jede gute Beziehung zwischen Personen lebt vom Äquilibrium zwischen Nähe und Distanz. Zu große Distanz verunmöglicht schon ihr Zustandekommen. Zu große Nähe tötet sie („verschmelzen", „ganz im andern aufgehen" hat noch keinem Liebespaar auf die Länge gutgetan!). Wer einen Toten nicht loslassen kann, beschwert und beunruhigt ihn in seinem anderweltlichen personalen Sein. Erst die nötige Distanz gibt hier Raum für Zuwendung und Liebe, deren der Tote bedarf. Hierher gehört nun auch eine der wohl verbreitetsten Anweisungen im Umgang mit den Toten, nämlich: ihnen nicht zu lange nachzuweinen. Das *Ritual,* das Emotionen nicht verhindert, aber durch seine Strenge kanalisiert und formt, ist seinem Wesen nach Nähe und Distanz und damit Beziehungshilfe. Stellvertretungsriten sind besonders geeignet, Nähe und Distanz gleichzeitig zu „simulieren" und zu „generieren". Warum soll nicht ein leerer Platz und ein Gedeck am vereinsamten Eßtisch, eine brennende Kerze, ein Kleidungsstück des Toten an prominenter Stelle im Haus (vgl. S. 67) Präsenz und Absenz eines geliebten Verstorbenen „sym-bolisieren" in der eigentlichen Bedeutung des Wortes: ineinsfallen lassen? Und warum soll das gleiche nicht seine Totenmaske (Gesichtsabguß) im Wohnbereich der Lebenden dürfen? Oder – in Ländern (etwa Schweiz), wo kein lebensfremder Bestattungs- und Friedhofszwang für Aschenreste gilt – seine Urne?

Die *vierte Grundregel* lautet:

Die Toten brauchen Versöhnung.

Jede gute personale Beziehung, jedes gute Leben ist (stets) auf Versöhnung angewiesen und auf sie gegründet. Das gilt auch und gerade für die Beziehungen zwischen Lebenden und Toten. Unversöhnte Lebende und unversöhnte Tote pervertieren Leben (in dieser Welt) und Tod (in der Anderwelt), machen die Unversöhnten ruhelos und aneinander ausgeliefert, verhaftet und verstrickt. Schlimmer Tod kann seine Opfer dem Leben und den

Lebenden gegenüber unversöhnt „zurücklassen", auch hier wieder im wörtlichen Sinne von: (im Bereich der Lebenden) zurückhalten. Empathie und Zuwendung durch die Lebenden (Gebet, Gedenken; Erledigung von „Pendenzen", die der schlimme Tod unerledigt ließ, für und anstelle des Verstorbenen) stellen hier die gestörte Distanz wieder her, damit die lebens-not-wendige Balance zwischen Abstand und Nähe. Einem unversöhnten Toten mag Versöhnung signalisiert werden durch einen Grabbesuch, durch einen Brief, der den Toten um Verzeihung bittet und den man an Ort und Stelle verbrennt (Urnenbestattung) oder eingräbt (Erdbestattung). Eigene Versöhnlichkeit (Verzeihung) mag man einem Toten ebenfalls durch Briefritual (Brief, der ihm vergibt) signalisieren oder durch Übernahme der Grabpflege. Auch hier ist der Phantasie der Liebe weiter Spielraum eröffnet. Versöhnung mit den Toten heißt immer zugleich Versöhnung mit dem *eigenen Leben.* Wer aber mit sich selbst versöhnt und im Einklang lebt, ist ein Stück weit eingesponnen in jenes Ur-Vertrauen, das aus dem Göttlichen stammt und zum Göttlichen führt.

Anmerkungen

Im Literaturverzeichnis aufgeführte Titel sind mit Verfasser- oder Herausgebernamen und (wenn vorhanden) Erscheinungsjahr zitiert (Steiner 1959), gelegentlich bei Quellensammlungen mit Sammlernamen und Titel (Grimm, Deutsche Sagen) oder auch mit Titel allein (Scriptores Rerum Livonicarum).

I.

1 Vgl. Steiner 1959, 44.

2 Frey 1995, 19, auch 27.

II.

1 Im folgenden schließt – wenn nicht ausdrücklich oder durch den Kontext anders angezeigt – die männliche Form die weibliche mit ein.

2 Naumann 1923, Nr. 64 u. 67.

3 Oldenberg 1923, 562 (Interpunktion von mir leicht geändert).

4 Blanck/Weber-Lehmann 1987, 129ff u. 125ff (die Zeichnungen und Pausen des 19. Jhs geben einen früheren, besseren Erhaltungszustand der Malereien wieder).

5 Jacob 1960, 84/85.

6 Hermann 1949, 18ff. Zur Ka-Statue Hasenfratz 1991, 94ff.

7 Abegg 1921, 101ff, 246f.

8 Zaubersprüche f. Mutter u. Kind 1,9ff. Übers. von mir. Vgl. Roeder 1978, 116.

9 Pyramidentexte, §1002f (in Klammern eine Variante aus §1878). Übers. von mir. Vgl. Faulkner 1969, 169 (272).

10 Scriptores Rerum Livonicarum 2, 673/674.

11 Ganslmayr 1986, 22ff.

12 Huber 1951, 215ff.

[13] Script. Rer. Livonic. 2, 391. Übers. von mir.
[14] Ranke 1951, 174f, 185ff, 276ff. Vgl. Hasenfratz 1977, 62.
[15] Deutsche Sagen, Nr. 177 u. 279. Vgl. Hasenfratz 1982a, 124/125.
[16] Vgl. Eliade 1954, 229/230; Schnaufer 1970, 90/91.
[17] Vgl. Stützer 1980, 57ff, auch 95; Blanck/Weber-Lehmann 1987, 125ff.
[18] Vgl. Böcher 1970, 285ff.
[19] Vgl. Hasenfratz 1986a, 79.
[20] Ders. 1982a, 80 u. 159 Anm. 366.
[21] Stützer, 1980, 54f, auch 65 (Farbabb. 1).
[22] Spruch 110, Rubrik. Hornung 1979, 210 (Hervorhebungen von mir).
[23] Ranke 1951, 153.
[24] Grimm, Deutsche Sagen, Nr. 95.
[25] Bonnet 1971, s. v. ‚Beischläferin'.
[26] Hasenfratz 1997, 13ff (der von mir übersetzte und kommentierte Bericht, der im folgenden verkürzt, aber teilweise wörtlich wiedergegeben ist).
[27] Vgl. ebd., 75.
[28] Lawson 1910, 415.
[29] Ranke 1951, 155f.
[30] Hasenfratz 1986a, 18ff (Text Nr. 2 im folgenden verkürzt, aber teilweise wörtlich wiedergegeben).
[31] Müller 1987, 69.
[32] 2,89; 5,92 a. E.
[33] Baba Bathra 3[b]. Strack/Billerbeck 1969, 88.
[34] Vgl. Müller 1987, 59 u. 64.
[35] 9,59f. Glasenapp 1986, 271/272.
[36] Vgl. Bremmer 1983, 85.
[37] Sueton, De Vita Caesarum 3,61,5; Tacitus, Annales 5,9.
[38] Buschan, II,138.
[39] Gundolf 1967, 195; Schrader 1904, 14; vgl. Hasenfratz 1982a, 123.
[40] Ankermann 1918, 137.
[41] Vgl. Freud 1950, 161.
[42] Vgl. Naumann 1923, Nr. 9 mit Kommentar (309/310).

43 Graf 1971, 34. Hervorhebungen von mir.
44 Vgl. Stützer 1980, 32ff.
45 Hasenfratz 1997, 18 (Übers. von Genzmer).
46 Vgl. Schreuer 1916, 109ff.
47 Hasenfratz 1982a, 44 u. 126/127 (Anm. 79–83).
48 Vgl. Hermann 1949, 11 (Abb.).
49 Pactus Legis Salicae 14, V u. I. Geffcken 1898, 15. Übers. von mir.
50 Brunner-Traut 1983, Nr. 32. Vgl. auch Hasenfratz 1990, 212f.
51 Hasenfratz 1982a, 140 Anm. 167 u. Register s. v. ‚Annihilation'. Vgl. auch Müller 1987, 72 u. 76f.
52 Aufbruch (Ev. Kirchenztg. f. Baden, Karlsruhe) 13/20, 1977, 24 (Bi.).
53 Schreuer 1916, 336 u. 1 (programmatisch für Sch.s ganzen Beitrag).
54 Naumann 1923, Nr. 29 (von mir gerafft, aber möglichst wortgetreu nacherzählt).
55 Hasenfratz 1982a, 124 Anm. 62.
56 Ebd., 46 u. 129 Anm. 96.
57 Lawson 1910, 291ff (Text).
58 Vgl. Hasenfratz 1982b, 161.
59 Wallén 1958, 300ff (hier und ganzes Werk auch zum Folgenden).
60 Buschan, I,426f.
61 III,2,29,3. Planitz/Ullrich 1941, 250. Zum Folgenden auch Ranke, 154ff.
62 Illustration zu Landrecht III,90,2. Koschorreck 1976, Nr. 44.
63 Fehr 1955, 27ff.
64 Eildermann 1950, 373.
65 Fehr 1955, 41 (41/42 weitere Beispiele).
66 Ranke, 156.
67 Vgl. Hasenfratz 1982a, Register s. v. ‚Strafen an Toten'.
68 Sachsenspiegel, Landrecht I,64. Hirsch 1936, 162.
69 So nach Hentig 1954, 20/21.
70 De D.Huldrichi Zvinglii … vita et obitu, c. 16. Rüsch 1979,73.
71 Bunte (Offenburg) Nr. 43, 1975, 45.

72 Bin Gorion 1973, Nr. 18.
73 Naumann 1923, Nr. 32.
74 Gundolf 1967, 136/137 Abb. 3 mit Text; vgl. auch 139/140.
75 Huber 1951, 107, 254 Anm. 34, 260 s.v. ‚Malki'.
76 Fehr 1955, 131 Anm. 8.
77 Hierzu und zum Folgenden der Literaturhinweis oben Anm. 47.
78 Scriptores Rerum Prussicarum 1, 732ff.
79 Hasenfratz 1997, 30ff.
80 Brunner 1906, 108/109.
81 Kap. 85. Schier 1978, 260ff.
82 The Seafarer, V. 97ff. Breuer/Schöwerling 1972, 24f. Übers. von mir.
83 Söderblom 1899, 27.
84 Ranke 1951, 273f u. 140.
85 Buschan, III,314; Zihlmann 1982, 45.
86 Schrader 1904, 3.
87 WAZ Nr. 111, 1991, Rubrik ‚Aus aller Welt', Sp. 4–6 (ap).
88 Hornung 1984, 25ff (Einführung), 140ff (Amudat, 8. Stunde). Vgl. auch Hasenfratz 1991, 91ff.
89 Vgl. Grimm, Deutsche Sagen, Nr. 176.
90 Herzog 1997, 86ff, 357ff, 389.
91 Loofs 1902, 300ff (auch 382 Anm. 1).
92 Hasenfratz 1982a, 79.
93 2. Nephi 9,21 u. 31,5. Das von Joseph Smith „übersetzte" Buch Mormon ist in Hamburg 1852 erstmals auf deutsch erschienen, seither in verschiedenen Ausgaben herausgekommen. Siehe auch: Der Stern (internationale Zeitschrift der Kirche Jesu Christi der Heiligen der Letzten Tage, Salt Lake City) 118/6, 1992, 6 u. 25ff (Berufung auf 1 Kor 15, 29), und Hauth 1995, 136ff.
94 Ankermann 1918, 137.
95 Angenendt 1994, 250.
96 Im Roman „Leiden und Freuden eines Schulmeisters", II. T., 8. Kap.
97 Geiger 1987a, 1631; Ebel 1968, 71/72.
98 Ranke 1951, 43 (mit Anm. 2 u. 3), 189.

99 Angenendt 1994, 23, 112, 167ff; Herzog 1989, 422 Anm. 13.
100 Vgl. Illi 1992, 11ff.
101 Aufbruch (Ev. Kirchenztg. f. Baden, Karlsruhe) 23/47, 1987, 12 (B. H. Bonkhoff).

III.

1 Jensen 1948, 163/164 u. 195 (auch 77f).
2 Leeuw 1956, 140 Anm. 1.
3 Vgl. Müller 1987, 74f.
4 Ringiers Unterhaltungs-Blätter ‚Das gelbe Heft' (Zofingen) 88/8, 1972, 44 (B. Wohlert).
5 Vgl. Hasenfratz 1992, 33f, auch 209ff.
6 Vgl. Maag 1972, 33ff; Thiel 1984, 220ff; Ringiers Unterhaltungs-Blätter ‚Das gelbe Heft' (Zofingen) 88/5, 1972, 36 u. 88/7, 1972, 34ff (B. Wohlert).
7 Collectanea Chronica und denkwürdige Sachen ..., Lib. B. Fol. 97, 100; E. Fol. 333. Schmid 1969, 592f, 615f.
8 Grimm, Deutsche Sagen, Nr. 458 u. 459. Vgl. auch die Überlieferung von Herodes oben S. 30.
9 Schreuer 1916, 42/43 mit Anm. 1 u. 2.
10 WAZ Nr. 206, 1987, Rubrik ‚Aus aller Welt', 1, Sp. 7 (dpa).
11 Vgl. Eildermann 1950, 367/368; Ringiers Unterhaltungs-Blätter ‚Das gelbe Heft' (Zofingen) 88/11, 1972, 52 (B. Wohlert); Buschan, I,148 mit Abb. 188; auch Müller 1987, 73.
12 Zum Folgenden Schreuer 1916, 89ff (mit reichem Belegmaterial). Vgl. auch Gundolf 1967, 42.
13 Ringiers Unterhaltungs-Blätter ‚Das gelbe Heft' (Zofingen) 88/8, 1972, 44f u. 88/12, 1972, 46 (B. Wohlert).
14 Buschan, I,28.
15 Bunte (Offenburg) Nr. 49, 1975, 28 (G. Wicke).
16 Gundolf 1967, 143f u. 144/145 Abb. 3 mit Text.
17 Vgl. ebd., 141, und Kohler 1897, 394.
18 Wensinck/Kramers 1976, 373a, 535b (F. Buhl).
19 Rohde 1980, I,228ff, bes. 228 Anm. 3 u. 229 Anm. 2.
20 Tafel X,1. Düll 1959, 58f. Übers. von mir.
21 Schreuer 1916, 98 mit Anm. 3 (Belege).
22 Kap. 17. Schreuer 1916, 103 mit Anm. 4. Übers. von mir.

[23] Grimm, Deutsche Sagen, Nr. 400.
[24] Ranke, 146.
[25] Vgl. Illi 1992, 37ff.
[26] Pilz 1981, 3f u. 7 (Lageplan).
[27] Reformiertes Forum (Münsingen) Nr. 8, 1992, 20,2f (afp).
[28] Gundolf 1967, 117 u. 112/113 Abb. 5.
[29] R. Heine-Geldern b. Buschan 1923, 923.
[30] Zum Folgenden Schreuer 1916, 19ff (mit zahlreichem Belegmaterial).
[31] 5,71f.
[32] Huber 1951, 106f, auch 177.
[33] Gundolf 1967, 140.
[34] Dazu Ranke 1951, 148ff (mit Belegen aus aller Welt).
[35] Hasenfratz 1994a, 55f.
[36] Ranke 1951, 148 mit Anm. 2 (der hier angeführte einzige „Beleg" bleibt seinerseits unbelegt!).
[37] Grimm, Kinder- und Hausmärchen, Nr. 16.
[38] 5,161ff. Jantzen 1900, 258ff.
[39] Schreuer 1916, 53 mit Anm. 6. Übers. von mir.
[40] Petronius, Satyrica 111f.
[41] 12. Kap. des Ersten Lebensfragments.
[42] Brunner 1931, 353f; Ranke 1951, 234f (mit anderer Deutung: Der Trauerritter repräsentiert den Toten selbst).
[43] TV-Radio-Zeitung (Zofingen) 52/45, 1975, Titelbild u. 12ff (S. Guntern).
[44] H. Brinker b. Brinker/Goepper 1980, 101ff, bes. 107.
[45] Hasenfratz 1982a, Register s.v. ‚Haar'; ders. 1986a, 108.
[46] Vgl. Ranke 1951, 106ff.
[47] Vgl. Hasenfratz 1982a, 79f u. 159f.
[48] Geist/Pfohl 1969, Nr. 32. Übers. von mir (im Original Hexameter). Vgl. auch Nr. 31 u. 419.
[49] Kohler 1897, 390.
[50] Stützer 1980, 88f (dazu 85ff Abb. 51–54).
[51] Gundolf 1967, 154.
[52] Ebd., 132.
[53] Ebd., 129; Buschan, I,148, 204; II,344 (Melanesien, Zentralaustralien, Südafrika); zu Trauerfasten Ranke 1951, 132ff

(Belege aus aller Welt mit Deutungsversuchen und -möglichkeiten).

54 Hasenfratz 1982a, Register s.v. ‚Verhüllung', ‚Nacktheit', ‚Hygieneverzicht'.

55 Vgl. Geist/Pfohl 1969, 25.

56 Ebd., Nr. 524 (Übers. von mir; im Original Daktylen), 14b, 533.

57 Ranke, 102 ff.

58 Gundolf 1967, 203 u. 192/193 Abb. 2.

59 Geiger 1987b, 1057.

60 Illi 1992, 37. Zum Folgenden 37 ff und Ranke.

61 Dazu Meuli 1975, 31 ff; auch Hasenfratz 1982b, bes. 152 ff u. 156 ff; ders. 1982a, Register s.v. ‚Männerbünde', ‚Masken', ‚wildes Heer'.

62 Müller 1987, 87.

63 Hasenfratz 1982a, 78/79 u. 159 Anm. 361.

64 Mantl 1964, 111.

65 Vgl. dazu Vitaliano Brancatis Roman „Don Giovanni in Sizilien" („Don Giovanni in Sicilia"), Kap. 10.

66 Zihlmann 1982, 115.

67 Vgl. Thiel 1993.

68 Vgl. Hasenfratz 1982a, Register s.v. ‚Lebensrute'.

69 Vgl. Blanck/Weber-Lehmann 1987, 177 ff mit Abb. 159 u. 161.

70 Zusammengestellt von Binder 1997.

71 Vgl. Bremmer 1983, 85 ff.

72 5,419 ff.

73 Vgl. Stemplinger 1948, Register s.v. ‚Bohnen', ‚Zahl 9', ‚Lärm'.

74 Gundolf 1967, 124.

75 Vgl. Aarne/Thompson 1961, Nr. 1540.

76 Hellwig 1906, 41/42.

77 Nansen 1921, 216.

78 Schmidt 1871, 166; Jensen 1948, 194/195.

79 Vgl. Ranke, 146; Schreuer 1916, 149 f u. 153 f.

80 Bin Gorion 1973, Nr. 53.

81 Fjölwinnlied und Zauberlied der Groa. Genzmer 1963, 106ff u. 178ff. Vgl. auch Hasenfratz 1997, 81.
82 Zihlmann 1982, 126.
83 Grimm, Kinder- und Hausmärchen, Nr. 11.
84 Dies., Deutsche Sagen, Nr. 268.
85 Steiner 1959, 50.
86 Gaius, Institutiones II,2–11. Huchthausen 1983, 51f.
87 Vgl. Herzog 1989, 422ff.
88 Ebd., 416ff.
89 Vgl. Ranke, 165.
90 G. Haufe b. Leipoldt/Grundmann 1967, 97.
91 Vgl. Hasenfratz 1986b, 29 Anm. 48.
92 Ders. 1986a, 53 (Text Nr. 13 I).
93 W. Krickeberg b. Buschan 1922, 404, 355; Weber-Schäfer 1967, 41f.
94 Ranke 1951, 117ff (mit Quellenbelegen).
95 Hasenfratz 1997, 51f u. 66f.
96 Grimm, Deutsche Sagen, Nr. 26, 28, 23 (297), 298.
97 Vgl. Hitlers Monolog im Führerhauptquartier Nr. 97 (16./17. 1. 1942) nach den Aufzeichnungen H. Heims. Jochmann 1988, 202ff, bes. 204.
98 Fest 1973, 1003/1004.
99 Ebd., 943 u. 1142/1143 Anm. 188, dazu 941 Abb. 2.
100 Ranke, 95ff.
101 Vgl. Hentig 1932, 130(f).
102 Nachtigall/Werner 1990, 161ff (mit weiteren Bauopfersagen).
103 Fred C. Siebeck, Letzte Tage am Rande der Welt, Expeditionsbericht aus Sarawak, Radio DRS 24. 4. 1975 (W).
104 Vgl. Fest 1973, 555ff.
105 Vgl. Müller 1995; dens. 1987, 86ff.
106 Ranke, 156.
107 G. Haufe b. Leipoldt/Grundmann 1967, 97/98 (Zitat); Schnaufer 1970, 115f; Rohde 1980, I,65 Anm. 1.
108 Hasenfratz 1982b, bes. 155ff; auch dens. 1982a, Register s.v. ‚Rügejustiz'.
109 Ranke, 165.

110 Guiart 1957, 237/238.
111 Müller 1997, 25 u. 48.
112 Hornung 1979, 233ff u. 95ff.
113 Stemplinger 1948, 45ff; Luck 1990, 223ff (mit den wichtigsten antiken Texten) u. Register s.v. ‚Nekromantie'; Hasenfratz 1997, 80ff; Ranke 1951, 288ff.
114 Bin Gorion 1959, Nr. 288.
115 Vgl. G.Haufe b. Leipoldt/Grundmann 1967, 79, und Hasenfratz 1982a, 146f Anm. 237.
116 Danckert 1963, 56.
117 Vgl. Müller 1987, 86.
118 Renward Cysat, Collectanea Chronica und denkwürdige Sachen ..., Lib. B. Fol. 100, E. Fol. 333. Schmid, 1969, 593, 616, auch 617 Anm. a. Büchli 1976, 84ff.
119 Vgl. Isler 1971, 176ff.
120 Danckert 1963, 123, auch 52, 54, 86.
121 Müller 1987, 74.
122 Vgl. Hermann 1949, 8.
123 Berndt 1952/1953, 44.
124 Eliade 1954, 402/403.
125 Grupp 1921, 221/222.
126 Samter 1911, 215 Anm. 2.
127 Hellwig 1906, 34.
128 Hasenfratz 1986a, 40f, auch 43.
129 Thiel 1983, 96f.
130 Ankermann 1918, 106, 143, 145.
131 Leenhardt 1937, 73, 143f.
132 Vgl. Eildermann 1950, 391, und Rudy 1962, 199.
133 Vgl. Hasenfratz 1997, 64f, und dens. 1986a, 89f.
134 Vgl. dens. 1994a, 84ff, und 1986a, 26ff.
135 Rigveda X,15. Macdonell 1970, 176ff. Übers. wörtlicher Anführungen von mir. Vgl. Hasenfratz 1994a, 54ff.
136 Oldenberg 1923, 332 u. 335/336 mit Anm. 1.
137 Hasenfratz 1986a, 53ff (Text Nr. 13 II u. III).
138 Vgl. dens. 1995.
139 Buschan, II,57.
140 Vgl. Thiel 1978, 45.

141 Vgl. Danckert 1963, 51ff; auch Hasenfratz 1982a, Register s.v. ‚Schwerttanz', und Grimm, Deutsche Sagen, Nr. 232 (u. zugehöriger Quellennachweis).

142 Vgl. Hasenfratz 1994b, 58/59.

143 Ranke, 165. Das Zitat aus Aufbruch (Ev. Kirchenztg. f. Baden, Karlsruhe) 23/47, 1987, 12 (B. H. Bonkhoff). Vgl. auch Samter 1911, Kap. XIX (mit vielen, auch außereuropäischen Parallelen zum Thema).

144 Vgl. Thomas 1975, 456ff u. 482ff.

145 Danckert 1963, 200.

146 Dazu und zum Folgenden Ranke, 157ff; ders. 1951, 204ff; Thiel 1984, 147ff; Hugger 1969; Petzoldt 1968, 63ff.

147 Buschan, I,138 (dazu 142 Abb. 180); auch 126f Abb. 159–162 z. vgl.

148 4,26.

149 Vita Arnulfi, c. 12. Helm 1953, 25 mit Anm. 66.

150 Vgl. Buschan, I,129, 140 (dazu 137 Abb. 174); Gundolf 1967, 133; Müller 1987, 50, 62, 73.

151 Angenendt 1994, 154 (auch 183).

152 Hugger 1969, 186.

153 Ranke 1951, 214 Anm. 3.

154 Hugger 1969, 180ff.

155 Aus Shijing 248 u. 247. Weber-Schäfer 1967, 66/67 u. 68. Vgl. auch Schmitt 1927, 28ff.

156 Fest 1973, 279 u. 699ff.

157 Vgl. Bremmer 1983, 80ff (bes. Anm. 24), und Hasenfratz 1986a, 110.

158 Vgl. Bickermann 1929.

159 Sommer 1969, 98f.

160 6,53,4–8. Till 1976, 36ff.

161 Meuli 1975, 72.

162 Vgl. Leenhardt 1937, 35.

163 Ranke, 159.

164 Atto II, Scena XI. Übers. von mir.

165 Schnaufer 1970, 55.

166 Ranke 1951, 236f.

167 Vgl. Hasenfratz 1982a, 154 Anm. 311.

[168] Thiel 1984, 147.
[169] Hasenfratz 1982a, Register s.v. ‚Name'.
[170] Grimm, Kinder- und Hausmärchen, Nr. 55.
[171] Gundolf 1967, 154, auch 143 (Madagaskar, Polynesien).
[172] Ankermann 1918, 137.
[173] Hasenfratz 1991, 97f.
[174] Ders. 1982a, 26 u. 109 Anm. 148; Gundolf 1967, 206.
[175] Zum Ganzen und zum Folgenden Müller 1987 (traditionelle Gesellschaften) und Zihlmann 1982 (bäuerlich traditionelle katholische Dorfgemeinschaft im schweizerischen Voralpenraum).
[176] Vgl. Ranke, 147ff; Schreuer 1916, 396ff; auch Gundolf 1967, 156ff.
[177] Gundolf 1967, 123.
[178] Aus Chuci 9. Weber-Schäfer 1967, 73ff.
[179] Vgl. Abegg 1921, 128 Anm. 6; Fehrle 1920, 99.
[180] Hasenfratz 1982a, 3/4; ders. 1997, 64.
[181] Ders. 1986a, 24ff (mit Text Nr. 7).
[182] Danckert 1963, 81ff. Vgl. auch Hasenfratz 1982a, 26f.
[183] TA-Magazin (Zürich) Nr. 29, 1975, 26,2 (N. Wyss).
[184] Vgl. Hasenfratz 1994a, 66f.
[185] Ders. 1997, 70.
[186] Vgl. dens. 1986a, 48 (Text Nr. 11); auch Ranke 1951, 24f (andere traditionelle Fristen: 7, 9, 30, 40 Tage).
[187] Hasenfratz 1982a, 129 Anm. 96, 109 Anm. 148, 46.
[188] Vgl. Geist/Pfohl 1969, 203; auch Ovid, Fasten 2,537ff.
[189] Bosinski 1985, 46/47; Müller 1996, 290.
[190] Ranke 1951, 120 Anm. 1; Hasenfratz 1982a, 154 Anm. 311.
[191] Hasenfratz 1982a, 80.
[192] Vgl. Klapper 1909, 87.
[193] Pyramidentexte, § 1878. Faulkner 1969, 272 (*wt.w.*: „bonds"?)
[194] Kelm/Münzel 1974, 125 Abb. 182 (gefesselte Mumie).
[195] Buschan, II,338/339; Rudy 1962, 203.
[196] Geiger 1987c, 1054.
[197] Vgl. Hasenfratz 1997, 61; Luck 1962, 9, 34 u. 40.
[198] Rudy 1962, 204.
[199] Vgl. Hasenfratz 1982a, Register s.v. ‚Totenklage'.

200 Olearius 1959, 150/151.
201 Rudy 1962, 203.
202 Vgl. Hasenfratz 1997, 70; R. Heine-Geldern b. Buschan 1923, 923; Buschan, II,343.
203 Rudy 1962, 205.
204 Vgl. Scriptores Rerum Livonicarum 2, 673 (J.W. Böcler; s.o. S. 20).
205 Klapper 1903, 81/82.
206 Orientierung (Katholische Bl. f. weltanschauliche Information, Zürich) 40/21, 1976, 228,2.
207 Vgl. Hasenfratz 1982a, 47, 116 Anm. 204.
208 Caland 1914, 495/496. Zu Taxus und Weißdorn: Marzell 1987a, 645; 1987b, 445f.
209 Oldenberg 1923, 574, 583, 588, 488 Anm. 2.
210 Hornung 1984.
211 Vgl. Pfohl, Nr. 38.
212 Olearius 1959, 152/153.
213 Rudy 1962, 204 (mit Abb. 33).
214 Steiner 1959, 17.
215 Eliade 1954, 248ff.
216 Geiger 1987d, 1108/1109.
217 Vgl. Hasenfratz 1997, 71 u. 133 Anm. 20.
218 Kap. 127, § 5–8. Ebel 1968, 65/66. Erl. (in Klammern) von mir.
219 Illi 1992, 41/42 mit Abb. 23; Gundolf 1967, 192/193 Abb. 10 mit Text.
220 Vgl. Hasenfratz 1986a, 113 Anm. 5 (Quellennachweise).
221 Kap. 16. Widengren 1961, 240.
222 Böhtlingk 1873, Nr. 6592. Übers. von mir.
223 Gundolf 1967, 152/153.
224 Zihlmann 1982, 104ff.

IV.

1 Stemplinger 1948, 45f u. 106f.
2 Zum Folgenden Sell 1955 und Hasenfratz 1982a (auch Register s.v. ‚akosmisches Ereignis', ‚akosmische Tote', ‚kosmische Tote', ‚Immobilisieren', ‚Vampir').

3 Hasenfratz 1982a, 140 Anm. 167.
4 V. 295ff.
5 Philostratus, Vita Apollonii 1,23f.
6 Geist/Pfohl 1969, 204.
7 Ebd., Nr. 124.
8 Helm 1953, 44/45; Gundolf 1967, 169 (hier der einschlägige Text des Paulus Diaconus, Historia Langobardorum 5,34, in Übersetzung).
9 Naumann 1923, Nr. 25; Ranke 1951, 209ff.
10 Gundolf 1967, 54/55, 137/138.
11 Leipoldt 1967, 53 mit Anm. 119 u. Abb. 245.
12 Collectanea Chronica, Lib. E. Fol. 333 (auch B. Fol. 97). Schmid 1969, 615 (auch 592).
13 Glasenapp 1922, 85; Buschan, II,204; R. Heine-Geldern b. Buschan 1923, 909; Jensen 1948, 162.
14 W. Krickeberg b. Buschan 1922, 189; Nansen 1921, 209.
15 Lateinischer Text bei Boudriot 1964, 49 (Nr. 181). Übers. von mir.
16 Kummer 1987, 712.
17 Hasenfratz 1982a, 159/160.
18 Vgl. Kummer 1987, 709f u. 713.
19 Eildermann 1950, 357.
20 Radhakrishnan/Lienhard 1958, 128 Anm. 225. Übers. des Sanskrit-Zitats von mir.
21 Pfohl, 16.
22 Sell 1955, 15 Anm. 3, 20, 39 Anm. 1, 46/47, 155, 169, 177, 179, 191f, 202, 240, 245/246, 249, 286, 293f.
23 Hasenfratz 1982a, 45/46 u. 128f (Anm. 91 u. 94f).
24 Peuckert 1987, 228ff.
25 Hasenfratz 1997, 73/74.
26 Stemplinger 1948, 15; Ringger 1957, 100f, 104f.
27 H. Roth b. Metken 1984, 260f.
28 Fehr 1955, 49.
29 Kap. 32f u. 35. Seelow 1974, 89ff.
30 Zum Folgenden Geiger 1926 und Hasenfratz 1982a, Register s. v. ‚Selbstmord'; ‚Todesstrafe', ‚Dekapitation', ‚Ertränken', ‚Hängen', ‚Pfählen', ‚Rädern', ‚Verbrennen', ‚Vierteilen',

‚Annihilation', ‚Immobilisieren'; auch Sommer 1969 und Illi 1992, 62 ff.

31 Sell 1955, 49, 127 f, 142, 159.

32 Vgl. ebd., 37 (hier auch etwas zur Ambivalenz des Ortes).

33 Fehr 1955, 52.

34 Illi 1992, 64.

35 Kap. 127, § 5–8. Ebel 1968, 65.

36 Illi 1992, 18/19.

37 Ebd., 63, dazu 62 Abb. 41.

38 Vgl. Hasenfratz 1982 a, 150 Anm. 267.

39 Hinckeldey 1984, 309 (oben rechts).

40 Vgl. Hasenfratz 1997, 61.

41 Vgl. Loofs 1902, 298.

42 Illi 1992, 62/63.

43 Vgl. Hasenfratz 1982a, 55 f (mit den zugehörigen Anm.); auch Fehr 1955, 44 ff.

44 Vgl. Rosenfeld 1954, 45, 48, 302 ff.

45 Vgl. Wiegelmann 1966; Burkhart 1966, 228 f; Klapper 1909, 85; Rochholz 1867, 171; Sturm/Völker 1973, 441 ff, 516 ff, 524.

46 Vgl. Hasenfratz 1997, 71 ff.

47 Kap. 33 f u. 63. Niedner 1964, 83 ff u. 152 ff.

48 Kap. 51 ff. Ebd., 127 ff.

49 Vgl. Sell 1955, Register s. v. ‚Vampir'.

50 Zum Folgenden: Burkhart 1966; Schmidt 1871, 157 ff; Lawson 1910, 364 ff; Kühnau 1910, Nr. 160–192 (Vampirsagen); Steiner 1959; Sturm/Völker 1973; Hasenfratz 1982a, Register s. v. ‚Vampir', ‚Werwolf'.

51 Vgl. Hasenfratz 1991, 94.

52 Vgl. Angenendt 1994, Sachregister s. v. ‚Leib', ‚unverwest', ‚Unverweslichkeit'.

53 Vgl. Hasenfratz 1997, 85/86.

54 Stemplinger 1948, 190.

V.

1 Gassmann 1995, 77 ff (mit Kritik dieser Theorie aus evangelikaler Sicht). – Zum „Umgang mit den Toten" im Chri-

stentum: Richter 1990; Illi 1992 (bes. 110f u. 136/137); Himmel, Hölle, Fegefeuer; Metken 1984 (bes. 11ff). Zum „Bestattungsverhalten" und „Bestattungswesen" im heutigen Deutschland: Nölle 1997.

2 Vgl. Hellinger/ten Hövel 1998 (bes. 76ff). Den Hinweis verdanke ich dem Physiotherapeuten und Biologen Andreas Müller, Todtmoos.

3 Von des Christen Freude und Freiheit, Protestant. Monatsschrift (Grenchen) 52/620, 1995, 29f.

Literatur

Geläufige Ausgaben antiker Quellen und neuzeitlicher Dichtung sind nicht eigens und Zeitungsnotizen (ausnahmsweise auch andere Nachweise) nur in den entspr. Anmerkungen verzeichnet.

Aarne, A./Thompson, S. 1961, The Types of the Folktale, FFC 184, Helsinki

Abegg, E. 1921, Der Pretakalpa des Garuḍa-Purāṇa (...), Eine Darstellung des hinduistischen Totenkultes und Jenseitsglaubens, Berlin/Leipzig

Angenendt, A. 1994, Heilige und Reliquien, Die Geschichte ihres Kultes ..., München

Ankermann, B. 1918, Totenkult und Seelenglaube bei afrikanischen Völkern, ZE 50, 89ff

Berndt, R. M. 1952/1953, A Cargo Movement in the Eastern Central Highlands of New Guinea, Oc. 23, 40ff (137ff, 202ff)

Bickermann, E. 1929, Die römische Kaiserapotheose, ARW 27, 1ff

Binder, G. 1997, Kommunikative Elemente im römischen Staatskult am Ende der Republik: Das Beispiel der Lupercalia des Jahres 44, In: G. Binder/K. Ehlich (Hg.), Religiöse Kommunikation – Formen und Praxis vor der Neuzeit, BAC 26, Trier, 225ff

Bin Gorion, M. J. 1959, Der Born Judas, Legenden, Märchen und Erzählungen, Wiesbaden

– 1973, Der Born Judas, Zweiter Teil, Frankfurt a.M.

Blanck, H./Weber-Lehmann, C. 1987, Malerei der Etrusker in Zeichnungen des 19. Jahrhunderts (Katalog z. Ausst. im Römisch-Germanischen Museum d. Stadt Köln, 17. Jan. bis 5. April 1987), Mainz

Böcher, O. 1970, Dämonenfurcht und Dämonenabwehr, BWANT 90(10), Stuttgart

Böhtlingk, O. (Hg.) 1873, Indische Sprüche, Sanskrit und deutsch, Dritter Theil, 2. A. St. Petersburg

Bonnet, H. 1971, Reallexikon der ägyptischen Religionsgeschichte, 2.A. Berlin/New York

Bosinski, G. 1985, Der Neandertaler und seine Zeit, Köln u. Bonn

Boudriot, W. 1964, Die altgermanische Religion in der amtlichen kirchlichen Literatur des Abendlandes vom 5. bis 11. Jahrhundert, Ndr. Darmstadt

Bremmer, J. 1983, The early Greek Concept of the Soul, Princeton, N. J.

Breuer, R./Schöwerling, R. 1972, Altenglische Lyrik, Englisch und deutsch, Ausgew. u. hg., Stuttgart

Brinker, H./Goepper, R. 1980, Kunstschätze aus China, 5000 v.Chr. bis 900 n.Chr., Katalog, Zürich, Berlin, Hildesheim u. Köln

Brunner, H. 1906, Deutsche Rechtsgeschichte, I. Bd., 2.A. Leipzig

– 1931, Das rechtliche Fortleben des Toten bei den Germanen (1907), In: Abhandlungen zur Rechtsgeschichte, Gesammelte Aufsätze, Hg. v. K. Rauch, Bd. II, Weimar, 340ff

Brunner-Traut, E. 1983, Altägyptische Märchen, 6.A. Köln

Büchli, A. 1976, Bündner Sagen, Zürich

Burkhart, D. 1966, Vampirglaube und Vampirsage auf dem Balkan, In: Beiträge zur Südosteuropa-Forschung (Anlässl. d. I. Internationalen Balkanologenkongr. in Sofia, 26. VIII.–1. IX. 1966), München, 211ff

Buschan, G. o. J., Die Sitten der Völker, I.–III. Bd., Stuttgart/Berlin/Leipzig
– 1922, Illustrierte Völkerkunde in zwei Bänden, I., 3.A. Stuttgart
– 1923, Illustrierte Völkerkunde in zwei Bänden, II., 1.T., 2./3.A. Stuttgart
Caland, W. 1914, Die vorchristlichen baltischen Totengebräuche, ARW 17, 476ff
Danckert, W. 1963, Unehrliche Leute, Die verfemten Berufe, Bern/München
Düll, R. 1959, Das Zwölftafelgesetz, Texte, Übersetzungen und Erläuterungen, 3.A. München
Ebel, W. 1968, Curiosa iuris germanici, Ges. u. hg., Göttingen
Eildermann, H. 1950, Die Urgesellschaft, Ihre Verwandtschaftsorganisationen und ihre Religion, Berlin
Eliade, M. 1954, Die Religionen und das Heilige, Salzburg
Faulkner, R. O. 1969, The Ancient Egyptian Pyramid Texts, Translated into English, Oxford
Fehr, H. 1955, Das Recht in den Sagen der Schweiz, Frauenfeld
Fehrle, E. 1920, Deutsche Feste und Volksbräuche, 2.A. Leipzig/Berlin
Fest, J. C. 1973, Hitler, Eine Biographie, Stuttgart (Frankfurt a.M./Berlin/Wien)
Freud, S. 1950, Vorlesungen zur Einführung in die Psychoanalyse, 11. A. London
Frey, Chr. 1995, Wie verstehen wir angemessen menschliches Leben und Sterben? In: Gehirntod und Organtransplantation ..., Beih. z. BThZ 12, Berlin, 13ff
Ganslmayr, H. (Hg.) 1986, Lebende Tote, Totenkult in Mexiko, Ausstellungskatalog, Übersee Museum Bremen, Frankfurt a. M.

Gassmann, L. 1995, Karl Barth, Das Verhängnis der Dialektik, Berneck
Geffcken, H. 1898, Lex Salica, Hg. u. erl., Leipzig
Geiger, P. 1926, Die Behandlung der Selbstmörder im deutschen Brauch, SAVK 26, 145ff
– 1987a, Selbstmörder, HWDA 7, Ndr. Berlin/New York, 1627ff
– 1987b, Totenbrett, HWDA 8, Ndr. Berlin/New York, 1056ff
– 1987c, Leiche, HWDA 5, Ndr. Berlin/New York, 1024ff
– 1987d, Grabstein, HWDA 3, Ndr. Berlin/New York, 1108ff
Geist, H./Pfohl, H. 1969, Römische Grabinschriften, Ges. u. ins Deutsche übertr., 1. A. München
Genzmer, F. 1963, Edda, II. Bd., Götterdichtung und Spruchdichtung, Übertr., Neuausg. (Thule 2), Düsseldorf/Köln
Glasenapp, H. v. 1922, Der Hinduismus, Religion und Gesellschaft im heutigen Indien, München
Glasenapp, H. v. (Hg.) 1986, Indische Geisteswelt, Bd. II, (2. A.) Hanau
Graf, H.-J. 1971, Orientalische Berichte des Mittelalters über die Germanen, Eine Quellensammlung, Krefeld
Grimm, Brüder, Deutsche Sagen, Darmstadt 1965
– Kinder- und Hausmärchen, Darmstadt 1966
Grupp, G. 1921, Kulturgeschichte des Mittelalters, I. Bd., 3.A. Paderborn
Guiart, J. 1957, Nouvelle Calédonie, Nouvelles-Hébrides, Paris
Gundolf, H. 1967, Totenkult und Jenseitsglaube, 1.A. Mödling
Hasenfratz, H.-P. 1977, Der moderne nordamerikanische

Totenkult als religionsgeschichtliches Problem, Numen 24, 60ff
- 1982a, Die toten Lebenden, Eine ... Studie zum sozialen Tod in archaischen Gesellschaften, BZRGG 24, Leiden
- 1982b, Der indogermanische „Männerbund", ZRGG 34, 148ff
- 1986a, Die Seele, Einführung in ein religiöses Grundphänomen, Zürich
- 1986b, Krieg und Frieden in archaischen Gemeinschaften, In: F. Stolz (Hg.), Religion zu Krieg und Frieden, Zürich, 13ff
- 1990, Zur „Seelenvorstellung" der alten Ägypter, ZRGG 42, 193ff
- 1991, Tod und Seele im Alten Ägypten, In: G. Binder/B. Effe (Hg.), Tod und Jenseits im Altertum, BAC 6, Trier, 88ff
- 1992, Das Christentum, Eine kleine „Problemgeschichte", Zürich
- 1994a, Der indische Weg, Die Spiritualität eines Kontinents entdecken, Freiburg i.Br.
- 1994b, Sinngebung des Todes in säkularer und „postsäkularer" Welt, GlLern 9, 50ff
- 1995, Altiranisches Begräbnis, In: R. Beck (Hg.), Der Tod, Ein Lesebuch von den letzten Dingen, München, 22f
- 1997, Die religiöse Welt der Germanen, 3.A. Freiburg i.Br.

Hauth, R. 1995, Die Mormonen, Geheimreligion oder christliche Kirche? Freiburg i. Br.

Hellinger, B./ten Hövel, G. 1998, Anerkennen, was ist, Gespräche über Verstrickung und Lösung, 7.A. München

Hellwig, A. 1906, Die Beziehungen zwischen Aberglauben und Strafrecht, SAVK 10, 22ff

Helm, K. 1953, Altgermanische Religionsgeschichte, Bd. II,2, Die Westgermanen, Heidelberg
Hentig, H. v. 1932, Die Strafe, Ursprung, Zweck, Psychologie, Stuttgart/Berlin
– 1954, Die Strafe, I., Frühformen und kulturgeschichtliche Zusammenhänge, Heidelberg
Hermann, A. 1949, Der Totenkult bei den alten Ägyptern, Hamburg
Herzog, M. 1989, Helfende Tote in der Gemeinschaft der Heiligen, GuL 62, 416ff
– 1997, „Descensus ad inferos", Eine religionsgeschichtliche Untersuchung der Motive und Interpretationen ... (Diss. München 1995), FTS 53, 1. A. Frankfurt a.M.
Himmel, Hölle, Fegefeuer, Das Jenseits im Mittelalter, Eine Veröff. d. Schweiz. Landesmuseums, Katalog (z. Ausst., 4. März bis 29. Mai 1994), Zürich 1994
Hinckeldey, Ch. (Hg.) 1984, Justiz in alter Zeit, Bd. VI d. Schriftenr. d. mittelalterlichen Kriminalmuseums Rothenburg o. d. T.
Hirsch, H. Chr. 1936, Eike von Repgow, Der Sachsenspiegel (Landrecht), ... übertr. und ... erkl., Berlin/Leipzig
Hornung, E. 1979, Das Totenbuch der Ägypter, Eingel., übers. u. erl., Zürich/München
– 1984, Ägyptische Unterweltsbücher, Eingel., übers. u. erl., 2. A. Zürich/München
Huber, S. 1951, Im Reiche der Inkas, Olten/Freiburg i. Br.
Huchthausen, L. (/Härtel, G.) 1983, Römisches Recht, Ausgew., aus d. Lat. übers., eingel. u. komm., 2. A. Berlin/Weimar
Hugger, P. 1969, Die Darstellung soeben Verstorbener durch Lebende, SAVK 65, 180ff
Illi, M. 1992, Wohin die Toten gingen, Begräbnis und

Kirchhof in der vorindustriellen Stadt (Diss. Zürich 1991/1992), Zürich

Isler, G. 1971, Die Sennenpuppe, Eine Untersuchung über die religiöse Funktion einiger Alpensagen, SSGVK 52, Basel

Jacob, E. 1960, Ras Shamra et l 'Ancien Testament, Neuchâtel

Jantzen, H. 1900, Saxo Grammaticus, Die ersten neun Bücher der dänischen Geschichte, Übers. u. erl., Berlin

Jensen, A. E. 1948, Die drei Ströme, Züge aus dem geistigen und religiösen Leben der Wemale ..., Leipzig

Jochmann, W. 1988, Adolf Hitler, Monologe im Führerhauptquartier, Die Aufzeichnungen Heinrich Heims, Bindlach (Hamburg)

Kelm, H. / Münzel, W. 1974, Herrscher und Untertanen, Indianer in Perú 1000 v.Chr. – Heute, Roter Faden zur Ausstellung 1, Museum f. Völkerkunde Frankfurt a. M. 1973–1974.

Klapper, J. 1909, Die schlesischen Geschichten von den schädigenden Toten, MSGVK 11, 58ff

Kohler, J. 1897, Die Rechte der Urvölker Nordamerikas (nördlich von Mexiko), ZVRW 12, 354ff

Koschorreck, W. 1976, Der Sachsenspiegel in Bildern, Aus der Heidelberger Bilderhandschrift ausgew. u. erl., 1.A. Frankfurt a. M.

Kühnau, R. 1910, Schlesische Sagen, I., Spuk- und Gespenstersagen, Leipzig

Kummer B. 1987, Wöchnerin, HWDA 9, Ndr. Berlin/New York, 692ff

Lawson, J. C. 1910, Modern Greek Folklore and ancient Greek Religion, Cambridge

Leenhardt, M. 1937, Gens de la Grande Terre (Nouvelle Calédonie), Paris

Leeuw, G. van der 1956, Phänomenologie der Religion, 2. A. Tübingen

Leipoldt, J. 1967, Umwelt des Urchristentums, III., Bilder zum neutestamentlichen Zeitalter, Ausgew. u. erl., 2. A. Berlin

Leipoldt, J./Grundmann, W. (Hg.) 1967, Umwelt des Urchristentums, I., Darstellung des neutestamentlichen Zeitalters, 2. A. Berlin

Loofs, F. 1902, Symbolik oder christliche Konfessionskunde, I. Bd., Tübingen/Leipzig

Luck, G. 1962, Hexen und Zauberei in der römischen Dichtung, Zürich

– 1990, Magie und andere Geheimlehren in der Antike, Mit 112 ... übersetzten und ... kommentierten Quellentexten, Stuttgart

Maag, V. 1972, Kultur- und Religionswissenschaftliches zur Entwicklungshilfe, 135. Neujahrsblatt zum Besten des Waisenhauses Zürich, Zürich

Macdonell, A. A. 1970, A Vedic Reader for Students, 7. A. Madras (London)

Mantl, N. 1964, Aus dem Sagenbereich von Nassereith, Innsbruck

Marzell, H. 1987a, Eibe, HWDA 2, Ndr. Berlin/New York, 644 ff

– 1987 b, Weißdorn, HWDA 9, Ndr. Berlin/New York, 445 ff

Metken, S. (Hg.) 1984, Die letzte Reise, Sterben, Tod und Trauersitten in Oberbayern (Katalog d. Ausst. im Münchner Stadtmuseum vom 4. Juli bis 9. Sept. 1984), München

Meuli, K. 1975, Gesammelte Schriften, Hg. v. Th. Gelzer, I. Bd., Basel/Stuttgart

Müller, K. E. 1987, Sterben und Tod in Naturvolkkulturen, In: H. Becker u. a. (Hg.), Im Angesicht des Todes,

Ein interdisziplinäres Kompendium, Bd. I, PiLi 3, St. Ottilien, 49ff
- 1995, Sympathie, Zs. f. Parapsychologie u. Grenzgebiete d. Psychologie 37, 131ff
- 1996, Der Krüppel, Ethnologia passionis humanae, München
- 1997, Schamanismus, Heiler, Geister, Rituale, München
Nachtigall, W./Werner, D. 1990, Der mutige Köhler und andere Volkssagen um Stände und Berufe aus dem Anhaltischen, Berlin
Nansen, F. 1921, Eskimoleben, Berlin
Naumann, H. u. I. 1923, Isländische Volksmärchen, Jena
Niedner, F. 1964, Die Geschichte vom Goden Snorri, Übertr., Neuausg. (Thule 7), Düsseldorf/Köln
Nölle, V. 1997, Vom Umgang mit Verstorbenen, Eine mikrosoziologische Erklärung des Bestattungsverhaltens (Diss. Frankfurt a.M. 1996), EHS, R. 22, Frankfurt a.M.
Oldenberg, H. 1923, Die Religion des Veda, 3. u. 4. A. Stuttgart/ Berlin
Olearius, A. 1959, Moskowitische und Persische Reise, Bearb. v. E. Meissner, 1. A. Berlin
Petzoldt, L. 1968, Der Tote als Gast, Volkssage und Exempel, FFC LXXXIV/200, Helsinki
Peuckert, W.-E. 1987, Schlachtfeld, HWDA 9, Ndr. Berlin/New York, Nachträge, 215ff
Pfohl, G. (Ed.) o. J., Griechische Inschriften als Zeugnisse des privaten und öffentlichen Lebens, Griechisch-deutsch, München
Pilz, K. 1981, Kirchenburg St. Michael Ostheim, 4. A. München/Zürich
Planitz, H. / Ullrich, G. (Hg.) 1941, Zwickauer Rechtsbuch, GR NF, Abt. Stadtrechtsbücher, Weimar
Radhakrishnan, S. / Lienhard, S. 1958, Die Bhagavadgītā,

Sanskrittext mit Einleitung und Kommentar ... ins Deutsche übertr., Baden-Baden
Ranke, K. o. J., Rosengarten, Recht und Totenkult, Hamburg
– 1951, Indogermanische Totenverehrung, Bd. 1, FFC LIX/140, Helsinki
Richter, K. (Hg.) 1990, Der Umgang mit den Toten, Tod und Bestattung in der christlichen Gemeinde, QD 123, Freiburg i. Br.
Ringger, P. 1957, Parapsychologie, Zürich
Rochholz, E. L. 1867, Deutscher Glaube und Brauch im Spiegel der heidnischen Vorzeit, I. Bd., Berlin
Roeder, G. (Hg.) 1978, Urkunden zur Religion des Alten Ägypten, Ndr. Düsseldorf/Köln
Rohde, E. 1980, Psyche, Seelencult und Unsterblichkeitsglaube der Griechen, 2 Bde. in 1 Bd., Ndr. d. 2. A. Darmstadt
Rosenfeld, H. 1954, Der mittelalterliche Totentanz, BAKG 3, Münster/Köln
Rudy, Z. 1962, Ethnosoziologie sowjetischer Völker (Wege und Richtlinien), Bern/München
Rüsch, E. G. (Hg.) 1979, Oswald Myconius, Vom Leben und Sterben Huldrych Zwinglis, Lat. Text m. Übers., Einf. u. Komm., St. Gallen
Samter, E. 1911, Geburt, Hochzeit und Tod, Beiträge zur vergleichenden Volkskunde, Leipzig/Berlin
Schier, K. 1978, Die Saga von Egil, Aus d. Altisländischen hg. u. übers., 1. A. Darmstadt
Schmid, J. (Hg.) 1969, Renward Cysat, Collectanea Chronica und denkwürdige Sachen pro Chronica Lucernensi et Helvetiae, Erste Abt. ..., Erster Bd., Zweiter T., Luzern
Schmidt, B. 1871, Das Volksleben der Neugriechen und das hellenische Alterthum, Erster Theil, Leipzig

Schmitt, E. 1927, Die Chinesen, RGL 6, 2. A. Tübingen
Schnaufer, A. 1970, Frühgriechischer Totenglaube, Spudasmata 20, Hildesheim/New York
Schrader, O. 1904, Totenhochzeit, Jena
Schreuer, H. 1916, Das Recht der Toten, Eine germanistische Untersuchung, ZVRW 33 u. 34, 333ff u. 1ff
Scriptores Rerum Livonicarum, Sammlung der wichtigsten Chroniken und Geschichtsdenkmale von Liv-, Ehst- u. Kurland, II. Bd., Ndr. Riga/Leipzig 1853
Scriptores Rerum Prussicarum, Die Geschichtsquellen der preußischen Vorzeit ..., Hg. v. Th. Hirsch u. a., I. Bd., Leipzig 1861
Seelow, H. 1974, Die Saga von Grettir, Aus d. Altisländ. übers. u. komm., 1. A. Darmstadt
Sell, H. J. 1955, Der schlimme Tod bei den Völkern Indonesiens, 's-Gravenhage
Söderblom, N. 1899, Les Fravashis, Paris
Sommer, P. 1969, Scharfrichter von Bern, 1. A. Bern
Steiner, O. 1959, Vampirleichen, Vampirprozesse in Preußen, Hamburg
Stemplinger, E. 1948, Antiker Volksglaube, Stuttgart
Strack, H. / Billerbeck, P. 1969, Kommentar zum Neuen Testament aus Talmud und Midrasch, I. Bd., 5. A. München
Sturm, D./Völker, K. (Hg.) 1973, Von denen Vampiren oder Menschensaugern, Dichtungen und Dokumente, 3. A. München
Stützer, H. A. 1980, Die Etrusker und ihre Welt, Köln
Thiel, J. F. 1978, Tod und Jenseitsglaube in Bantu-Afrika, In: H.-J. Klimkeit (Hg.), Tod und Jenseits im Glauben der Völker, 1. A. Wiesbaden, 40ff
– 1983, Grundbegriffe der Ethnologie, Collectanea Instituti Anthropos 16, 4. A. Berlin

– 1984, Religionsethnologie, Coll. Inst. Anthropos 33, Berlin
– 1993, Maskenfeste in Zentralafrika unter besonderer Berücksichtigung der Jungeninitiation, In: S. Döpp (Hg.), Karnevaleske Phänomene in antiken und nachantiken Kulturen und Literaturen, BAC 13, Trier, 59ff

Thomas, L.-V. 1975, Anthropologie de la mort, Paris

Till, R. 1976, Res publica, Texte zur Krise der frührömischen Tradition, Lateinisch/griechisch und deutsch, Zürich/München

Wallén, P.-E. 1958, Die Klage gegen den Toten im nordgermanischen Recht, Skrifter utgivna av Institutet för Rättshistorisk Forskning I/5, Stockholm

Weber-Schäfer, P. 1967, Altchinesische Hymnen, ... übertr. u. erl., Köln

Wensinck, A. J./Kramers, H. J. 1976, Handwörterbuch des Islam, Ndr. Leiden

Widengren, G. (Hg.) 1961, Iranische Geisteswelt, Von den Anfängen bis zum Islam, Baden-Baden

Wiegelmann, G. 1966, Der „lebende Leichnam" im Volksleben, ZVK 62, 161ff

Zihlmann, J. 1982, Wie sie heimgingen, Hitzkirch

Mit dem Sterben leben

Lis Bickel / Daniela Tausch-Flammer
In meinem Herzen die Trauer
Texte für schwere Stunden. Ein Begleitbuch
ISBN 3-451-26540-0
Einfühlsame Texte, die sich in jahrzehntelanger Erfahrung als sehr hilfreich bewährt haben, begleiten Trauernde auf ihrem schweren Weg.

Daniela Tausch-Flammer / Lis Bickel (Hrsg.)
Spiritualität der Sterbebegleitung
Wege und Erfahrungen
ISBN 3-451-26280-0
Offene und achtsame Begleitung Sterbender – eine Begegnung der eigenen tieferen Dimension.

Monika Müller / Matthias Schnegg
Unwiderbringlich – Vom Sinn der Trauer
Hilfen bei Verlust und Tod
ISBN 3-451-26398-X
Die Autoren beschreiben anschaulich und einfühlsam, was im Prozeß der Trauer passiert und was diese Erfahrung für jeden einzelnen bedeutet.

Michael Kearney
Schritte in ein ungewisses Land
Seelischer Schmerz, Tod und Heilung –
Geschichten und Erfahrungen
Vorwort von Cicely Saunders
ISBN 3-451-26293-2
Wie Leben Tiefe gewinnt und Angst geheilt wird.

Anne Hosansky
Wege durch das Land der Trauer
Eine Frau findet nach dem Tod ihres Mannes
neue Lebensmöglichkeiten
ISBN 3-451-23955-8
Vom Weg durch das Land der Trauer – und vom Licht am Ende des Weges. Bewegend, einfühlsam und ermutigend.

Kultur und Geschichte

Emma Brunner-Traut
Alltag unter Pharaonen
So leben die alten Ägypter
Mit zahlreichen Abbildungen
Band 4684
Ein spannendes Sachbuch, das das bisherige Bild der alten Kultur am Nil auf überraschende und packende Weise ergänzt.

Rolf Wilhelm Brednich
Die Hutterer
Eine alternative Kultur in einer modernen Welt
Band 4676
Der Autor beschreibt die Lebensgrundlagen, religiösen Traditionen, Erziehungsprinzipien, Lieder und Märchen, das einfache Alltagsleben an den Bruderhöfen.

Mircea Eliade
Indisches Tagebuch
Reise durch einen mystischen Kontinent
Band 4649
„Ein unglaublich reiches, lebendiges, an manchen Stellen erschütterndes Buch" (Eugéne Ionesco).

Norman Cohn
Die Sehnsucht nach dem Millennium
Apokalyptiker, Chiliasten und Propheten im Mittelalter
Band 4638
Endzeitfieber gibt es nicht nur heute, angesichts der Jahrtausendwende. Immer wieder folgten Menschen ihren Propheten. Eine Fundgrube für alle am Mittelalter Interessierten.

Hans Gasper / Friederike Valentin (Hrsg.)
Endzeitfieber
Apokalyptiker, Untergangspropheten, Endzeitsekten
Band 4522
Die Jahrtausendwende naht – okkulte Voraussagen und Angstbeschwörer haben Hochkonjunktur. Fakten und Hintergründe.